A EMPRESA LIVRE DE FOFOCA

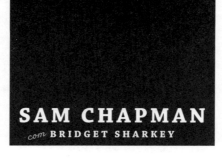

A EMPRESA LIVRE DE FOFOCA

COMO MANTER O AMBIENTE DE TRABALHO SAUDÁVEL E ALTAMENTE PRODUTIVO

TRADUÇÃO
MIRIAN IBANEZ

COPYRIGHT © FARO EDITORIAL, 2014

Todos os direitos reservados.
Nenhuma parte deste livro pode ser reproduzida sob quaisquer meios existentes sem autorização por escrito do editor.

Diretor editorial PEDRO ALMEIDA
Preparação de textos RAFAEL RODRIGUES
Revisão BOOK & IDEIAS
Capa e projeto gráfico OSMANE GARCIA FILHO
Imagem de capa © ID-WORK | ISTOCK

Dados Internacionais de Catalogação na Publicação (CIP)
(Câmara Brasileira do Livro, SP, Brasil)

Chapman, Sam
    A empresa livre de fofoca : como manter o ambiente de trabalho saudável e altamente produtivo / Sam Chapman com Bridget Sharkey ; [tradução de Mirian Ibanez]. — 1a. ed. — São Paulo : Faro Editorial, 2014.

    Título original: No gossip zone.
    ISBN 978-85-62409-10-3

    1. Administração de pessoal 2. Ambiente de trabalho 3. Fofoca 4. Relações interpessoais
    I. Sharkey, Bridget. I. Título.

14-02009   CDD-658.3
Índice para catálogo sistemático:
1. Ambiente de trabalho : Relações interpessoais   658.3

1ª edição brasileira: 2014
Direitos de edição em língua portuguesa, para o Brasil, adquiridos por FARO EDITORIAL

Alameda Madeira, 162 – Sala 1702
Alphaville – Barueri – SP – Brasil
CEP: 06454-010 – Tel.: +55 11 4196-6699
www.faroeditorial.com.br

Para Laura e Ben

Sumário

9 AGRADECIMENTOS
11 INTRODUÇÃO

21 CAPÍTULO 1 — **AMBIENTE LIVRE DE FOFOCA**
33 CAPÍTULO 2 — **SEMPRE, A VERDADE**
42 CAPÍTULO 3 — **ENCARE SEUS PERSONAGENS**
56 CAPÍTULO 4 — **TRATE DE SE "LIBERTAR"**
68 CAPÍTULO 5 — **É UM PRESENTE**
80 CAPÍTULO 6 — **LUCRE PELA VALORIZAÇÃO**
89 CAPÍTULO 7 — **FALE SEM DAR MARGEM A DISCUSSÃO**
110 CAPÍTULO 8 — **DESLIGUE O RUÍDO**
120 CAPÍTULO 9 — **ASSUMA SEUS 100%**
128 CAPÍTULO 10 — **SUAS NEGAÇÕES MAIS SONORAS SÃO VERDADE**

145 TESTEMUNHOS
153 PROFISSIONAIS DE *LIFE COACHING*

Agradecimentos

PARA ESCREVER ESTE livro, contei com a ajuda de muitas pessoas. Em primeiro lugar, gostaria de agradecer à minha mulher, Laura Berman, por todo o seu amor e apoio constante. Tenho aprendido muito com ela, e admiro sua sabedoria e beleza espiritual. Em segundo lugar, gostaria de agradecer a meu pai por sua orientação e aconselhamento. Meus três filhos, para os quais eu vivo, são pequenos demais para ler este livro, mas vão crescer em um ambiente livre de fofoca e repleto de amor.

Gostaria de agradecer à Bridget Sharkey, minha colega e coautora, por ser uma autêntica parceira neste livro e em minha vida profissional. Bridget me apoia de tal forma que tornou tudo isto possível. Além disso, eu gostaria de agradecer a nossos outros colegas, os quais tanto nos ajudaram no trabalho: Michelle Mekky, Kathleen Streit, Andrea Cordts, Lina Khalil e Amanda Aldinger. Preciso também agradecer àqueles que de alguma forma me orientaram e inspiraram, pessoas que mudaram o meu mundo e continuam a fazer isso todos os dias: Diana Chapman (não temos laços de sangue, apesar do sobrenome), Jim Dethmer e Jack Skeen. Diana, em particular, me ensinou muito do que eu escrevo neste livro e me guiou na transição que fiz na vida, em direção à Empresa Livre de Fofoca. Finalmente, gostaria de agradecer à minha maravilhosa agente literária, Sharlene Martin, da Martin Literary Management, e a meu editor, Peter Lynch, da Sourcebooks, por tornarem este processo agradável e por ajudarem a transformar este livro em realidade.

Introdução

A COMUNICAÇÃO É a base de todos os nossos relacionamentos, incluindo os profissionais. A habilidade de comunicar-se é imprescindível no mundo corporativo de hoje, embora a maioria das pessoas jamais tenha aprendido a fazê-lo de forma eficiente. Isso ocorre porque elas não sabem se comunicar de maneira honesta, integral e objetiva. Quando você aprende a fazer isso com autenticidade e implementa essas ferramentas em seu lugar de trabalho, sentirá que a satisfação, a produtividade e a criatividade aumentarão incrivelmente e seus relacionamentos evoluirão numa escala contínua..

COMUNICAÇÃO AUTÊNTICA

Se você está pronto para ter uma vida autêntica tanto dentro quanto fora do escritório, deve estar imaginando por onde começar, especialmente se não se encontra na posição de tomar decisões em seu emprego. Afinal de contas, se você faz parte do quadro funcional de uma corporação, deve achar que não tem poder ou que é incapaz de produzir uma mudança em grande escala.

Isso depende de sua própria definição do que seja grande. Não, você não será capaz de tornar seus colegas positivos e proativos nem de fazer com que seu empregador se comprometa com um lugar de trabalho autêntico. Mas mesmo que fosse chefe da empresa, você não conseguiria forçar as pessoas a mudarem verdadeiramente. Tudo o que pode fazer são mudanças pessoais, independentemente de sua posição na estrutura corporativa. Mas a boa notícia é que, quando você começa a fazer essas mudanças, os efeitos terão reflexo ao longo de toda a sua vida.

Se não sabe por onde iniciar, comece nas pequenas coisas.

Acabe com a fofoca em sua vida profissional e trate de nunca mais dar ouvidos ou participar de conversas negativas sobre alguém que não está presente. Apenas com esse pequeno passo você pode transformar sua vida no trabalho. Não apenas deixará de sentir culpa ou vergonha, depois de um falatório particularmente nocivo, mas também passará a não mais atrair o tipo de pessoa que gosta de fofocar e de menosprezar os outros. Pense nisso como um processo de limpeza, tanto interior quanto exterior. E, se tiver amizades que não deseja perder, simplesmente diga que não quer saber de fofocas. E isso irá parar de acontecer ao seu redor. Sem dúvida eles respeitarão esse novo compromisso que você fez e, provavelmente, passarão a agir assim mesmo quando você não estiver presente, porque logo perceberão os benefícios de uma vida sem fofocas.

O passo seguinte é garantir que você assuma a responsabilidade por 100% de cada situação, cada pensamento, cada emoção. Isso significa que você não vai mais culpar outra pessoa por arruinar seu dia, por não cumprir prazos etc. Admita seu próprio papel nos acontecimentos positivos e negativos de sua vida.

Para certas pessoas, isso talvez possa significar a procura por um novo emprego. Se você realmente odeia seu trabalho e anseia por um novo caminho na carreira, ficar zanzando por aí, sempre com uma queixa na ponta da língua, não é justo com você nem com as pessoas que estão a seu lado. Assuma seus 100%, trate de se empenhar na procura de um novo trabalho e encontre algo que realmente ame.

Ou, quem sabe, assumir seus 100% queira dizer que você precisa se responsabilizar pelo fato de que suas relações com colegas ou empregados não são tão saudáveis como deveriam. Talvez não venha tratando as pessoas que o cercam com o o respeito que acha que merece. É possível que venha fofocando e se lamentando, fazendo de seu trabalho um ambiente altamente tóxico. A boa notícia é que você pode dar a volta por cima e se tornar, em vez do mau, o *bom* exemplo a ser seguido por seus colegas.

O próximo passo importante é assegurar-se de ter uma vida equilibrada. Você pode não ter controle sobre a possibilidade de seu chefe ligar tarde da noite ou de ter que trabalhar no fim de semana para agradar a um cliente. Mas tem, sim, controle sobre quanto tempo pretende dedicar à empresa e à carreira, o que pode obrigá-lo a ficar longe de sua família ou a renunciar à sua vida pessoal.

Se não for isso que você pretende escolher para a sua vida, converse com seu empregador sobre como tornar sua carga de trabalho mais equilibrada. Aponte as razões pelas quais seu período fora da empresa é tão precioso (necessita relaxar, ver as crianças, fazer exercícios, recarregar as baterias etc.) e pergunte se há uma solução capaz de funcionar tanto para a empresa quanto para você. Depois, assegure-se de permanecer fora do alcance de chamadas durante a maior parte de seu tempo livre. Desligue o telefone, feche a caixa de e-mails corporativos e esteja presente para seus familiares e amigos.

Ao seguir esses três passos tão simples, você pode implementar um plano básico para incluir a comunicação autêntica em sua vida. Depois, a cada novo capítulo, apresentarei as propostas para que você conquiste uma existência mais feliz e completa.

COMO UM EMPREGADOR PODE PROMOVER UM AMBIENTE DE TRABALHO SAUDÁVEL

Quando introduzi o sistema Empresa Livre de Fofoca na EPR (Empower Public Relations, minha empresa), eu não sabia como a ideia iria se propagar. O que começou como um pequeno acordo interno logo alimentou a mídia local e nacional e, como resultado, percebi que nossas políticas na EPR eram bastante notáveis.

De fato, a ideia de criar o Espaço Livre de Fofoca foi tão bem recebida que a mídia me contatava para outros conselhos semelhantes na área de cultura corporativa. E quando comecei a compartilhar diversas ideias e ver que outras empresas começaram a seguir aqueles conselhos percebi que havia interesse público pelo que estava acontecendo em nosso ambiente. Foi quando decidi escrever este livro.

Há alguns anos eu era um empresário típico dos Estados Unidos. Atuava na área de *venture* capital, financiando companhias *startup* e conduzindo-as para o sucesso. Eu batia papo, levantava fundos e trabalhava sem tréguas, dia e noite. Todas as noites, ia para casa exausto e emocionalmente esgotado. Minha conta no banco me dizia que eu era um homem de sucesso, mas meu corpo e minha mente revelavam algo diferente.

Com frequência, acompanhava minha esposa, uma reconhecida terapeuta sexual nos EUA, Dra. Laura Berman, em suas apresentações na televisão e em programas de rádio e acabei me familiarizando com os movimentos de preparação que acontecem nos bastidores. E descobri que tinha um interesse especial neste ambiente! Por ficar às voltas com excitantes e divertidos bate-papos acerca de comportamentos humanos, logo notei que adoraria fazer algo parecido.

Então assumi essa minha disposição em trabalhar com a mídia e introduzi o conceito em meu novo negócio, a Empower Public Relations. A EPR traz uma nova forma de fazer Relações Públicas, orientada pela criatividade e construída para ressaltar o que é interessante, original e mais atrativo sobre cada cliente. Nós ensinamos aos clientes como extrair o máximo de sua mensagem de negócios (algo que chamamos de "fazer uma ponte") durante uma participação em um programa de televisão ou em uma entrevista.

Na tentativa de descobrir como esse modelo de negócios funcionava, a partir das perspectivas dos clientes, decidi usar meu próprio sistema e me tornar cliente de minha empresa. Ao fazer isso, precisei detectar o que tornava meu empreendimento interessante, diferente e inovador. Vi que meu compromisso com a comunicação autêntica, incluindo a manutenção de uma Empresa Livre de Fofoca e a procura pelo equilíbrio da vida profissional com a vida pessoal, era o que nos tornava únicos.

Mas é preciso dizer: o início não foi fácil. Tive de enfrentar alguma resistência da mídia, de meus colegas, clientes e até empregados. Algumas pessoas simplesmente não se sentem confortáveis em abandonar velhos hábitos e, depois de trabalhar muitos anos em ambientes corporativos severos e artificiais, nem todas se adaptam de cara a fazer parte de um ciclo de comunicação verdadeiro e franco. De fato, mesmo que saibam, por lógica, que esse tipo de comunicação as tornaria mais felizes e menos estressadas, o vício de fofocar as levava de volta a seus antigos padrões de comunicação destrutivos.

Apesar das dificuldades iniciais, não levei muito tempo para convencer meu pessoal a subir a bordo para expandir minha carteira de clientes. As pessoas gostam de trabalhar e viver em ambientes onde são apreciadas e valorizadas, e isso tem tudo a ver com a comunicação autêntica. Trata-se de expressar suas emoções e seus pensamentos, para depois fazer com que eles sejam aceitos.

Embora esses passos sejam básicos, a maioria de nós não os aprende na infância ou na escola. Ao contrário, o que nos ensinam é esconder nossas emoções e participar de encenações que dificultam a comunicação, durante as quais mentimos, ocultamos ou desencorajamos a verdade sobre nossos pensamentos e desejos. Abandonar velhos hábitos e descobrir novas e saudáveis formas de nos comunicar não é fácil, e trata-se de algo especialmente complicado em um ambiente corporativo, onde todo mundo quer parecer sensacional, tranquilo e integrado.

Entretanto, os resultados falam por si mesmos. Em apenas um ano de vigência da Empresa Livre de Fofoca e da implantação de uma política de comunicação autêntica, meus clientes dobraram, assim como meus colaboradores. A paz e a felicidade, tanto em minha vida como no escritório, também cresceram, e eu, finalmente, fui capaz de me tornar o administrador que sempre desejei ser.

Enquanto escrevia este livro, tive uma oportunidade especial de colocar em prática essas filosofias. Foi, verdadeiramente, um esforço coletivo, na medida em que muitos integrantes de minha equipe contribuíram com suas ideias e palavras, principalmente minha coautora, Bridget Sharkey, e Amanda Aldinger, outra autora que escreve sobre Relações Públicas de Empoderamento (RPE), a base da EPR. Fez sentido que elaborássemos o livro juntos, porque trabalhamos como um time. Entretanto, a voz que se expressa aqui é a minha, uma vez que fui eu quem desenvolveu a filosofia e as práticas da EPR.

Ao ler a obra, talvez você sinta alguma resistência em relação aos conceitos e atitudes que defendo. Pode ser que você descubra ter uma forte reação contrária à ideia da comunicação direta, que muitas vezes promove confronto. Se isso ocorrer, sugiro o seguinte: passe a tratar essa resistência como um personagem ou um pequeno demônio que pretende apenas manter "a velha forma de fazer as coisas". Dessa forma você vai perceber como pode reduzir essa resistência. Assim, você poderá transformar sua vida e sua carreira em verdadeiras fontes prazer, e passará a emitir uma energia positiva que tornará toda a organização melhor. Nenhum passo é tão pequeno e nenhum empregado é destituído de importância, sobretudo neste processo. Tenha em mente que, se você for positivo e proativo, os efeitos serão sentidos na empresa como um todo.

Sam Chapman

A EXPERIÊNCIA DE UM EMPREGADO

Na maioria das empresas onde trabalhei, a comunicação entre os funcionários parecia sempre estar contaminada por falsidades. Entre conversas fiadas, falsas amizades e hipocrisia, ninguém se comportava com autenticidade nem compartilhava emoções verdadeiras. Ainda hoje muitas pessoas pensam que têm de agir dessa forma para progredir no mundo corporativo. Essa rotina robotizada e isenta de sentimento é considerada tão necessária como ser pontual ou trajar roupas adequadas ao ambiente de trabalho, e é algo que a maioria das pessoas apreende e vai aperfeiçoando desde os primeiros meses no "mundo real".

Obviamente, esse chamado "mundo real" é o mais falso possível. Uma vez que não sabemos em quem confiar ou o quanto podemos, de fato, compartilhar com as pessoas que estão ao nosso redor todos os dias, você frequentemente vai para casa se sentindo estressado, tenso e esgotado. Que terrível maneira de encerrar cada uma de nossas jornadas!

Quando fui pela primeira vez a uma entrevista na EPR, achei que iria encontrar um tipo semelhante de ambiente de trabalho. Imagine minha surpresa quando uma das primeiras coisas que Sam me perguntou foi: *Quando foi a última vez que você chorou?* Certamente, eu não estava esperando por um questionamento tão revelador e honesto, do ponto de vista emocional. O resto da conversa continuou na mesma linha, e eu percebi que estava em um lugar muito diferente, em que a honestidade emocional era tão importante quanto a dedicação ao trabalho.

A comunicação autêntica não é a única coisa que diferencia nosso escritório dos outros. Acrescente-se ao clima interno diferente (ou talvez mesmo em consequência dele) o fato de que todos também nos tornamos amigos.

De fato, nós realmente passamos muito tempo juntos fora do trabalho. Conhecemos todos os familiares e amigos que são importantes para cada um de nós. Celebramos juntos datas significativas da vida, de noivados a nascimentos, de aniversários a feriados.

Justamente porque nós nos conhecemos, tanto dentro como fora do escritório, somos mais capazes de nos comunicar e respeitamos uns aos outros como indivíduos, não apenas como colegas de trabalho. Quanto mais nos comunicamos autenticamente, mais verdadeiras se tornam nossas relações, o que, por sua vez, reforça o diálogo verdadeiro. Então, você pode ver que quando inicia e mantém o círculo da autenticidade, isso faz com que ele seja ampliado, trazendo mais criatividade e alegria para nossos relacionamentos e interações.

As habilidades de comunicação que aprendemos no ambiente da EPR não ficam restritas a meus colegas e clientes, e a mesma coisa vale para todos os empregados. Levamos para casa essas lições e as usamos para o nosso bem, em todos os nossos relacionamentos. Atuar profissionalmente e ter uma existência autêntica é a única maneira de trabalhar e viver com alegria.

Bridget Sharkey

Talvez você leve algum tempo para se acostumar com as filosofias sugeridas neste livro. Entretanto, verá que cada capítulo é construído sobre ideias introduzidas nos anteriores, portanto, você poderá progredir gradativamente. Começamos com o Ambiente Livre de Fofoca, o que é bem adequado, pois é também onde se inicia minha introdução à comunicação autêntica.

Capítulo 1
AMBIENTE LIVRE DE FOFOCA

O que é dito ao ouvido de um homem com frequência é ouvido a quilômetros de distância.

— Provérbio chinês

A MAIORIA DE nós sabe muito bem que a fofoca faz parte de qualquer ambiente de trabalho. Se as pessoas convivem em situações profissionais ou sociais, irão falar a respeito umas das outras, certo? Como essa é uma realidade aceita normalmente como parte da comunicação humana, vale dizer que todo mundo já foi ferido por falatórios alheios, ou se expressou de uma forma que machucou alguém.

Em um estudo realizado pela Randstad Corporation, os empregados citaram a fofoca no escritório como seu principal motivo de aborrecimento no local de trabalho. Os empregadores também têm uma boa razão para tentarem controlar a conversa fiada, pois a fofoca consome, anualmente, 65 horas de trabalho de cada trabalhador. Mas não precisamos agir como se tivesse de ser assim.

Você já imaginou como seria seu ambiente de trabalho se a fofoca fosse banida? Se os colegas realmente não falassem uns dos outros pelas costas ou se tivessem de se retratar por causa de alguma fofoca, dirigindo-se de maneira sincera a qualquer pessoa que fosse objeto de falatório? Não haveria mais conversas ao pé do ouvido no café ou nos banheiros, nem traições e hipocrisias constrangedoras, e, com certeza, nada de segredos venenosos. Parece excelente, não é mesmo?

Mas como é que você realiza essa mudança, especialmente quando a fofoca parece impregnar cada mínima parcela de nossas vidas, pessoais e profissionais? De fato, algumas pessoas acreditam que a fofoca simplesmente faz parte da natureza humana. Entretanto, não há nada "natural" na comunicação que fere e que tem o poder de arruinar tanto os relacionamentos quanto as reputações. Considerada até aceitável, a dolorosa realidade da fofoca é um problema crescente, agravado pela expansão da tecnologia com as redes sociais. Felizmente, há uma maneira de você e sua empresa erradicarem o falatório prejudicial. Basta colocar em prática o sistema Empresa Livre de Fofoca. Vamos ver alguns casos:

{
A CENA NA EMPRESA: As fofoqueiras
O LUGAR: Zen Marketing, Inc.
O PROBLEMA: Fofoca
AS PESSOAS: Lucy (executiva de marketing), Patty (assistente de marketing), Leslie (assistente de marketing), Jackie (a CEO), Maggie (diretora de marketing)
}

A Zen Marketing, Inc. é uma *startup* sediada em Seattle, nos Estados Unidos. Durante os últimos dois anos, Jackie tem trabalhado sem parar, na tentativa de conduzir sua empresa ao sucesso, mas ultimamente vem dependendo mais de Lucy e Maggie, suas gurus de marketing, verdadeiros braços direitos. Lucy e Maggie, por sua vez, têm dedicado uma infinidade de horas a suas funções. Entretanto, Lucy acredita ter ideias melhores do que as de Jackie, cuja autoridade tenta minar sempre que pode.

Uma das táticas a que Lucy recorre para reafirmar sua pretensa superioridade é fofocar com Maggie sobre as "lamentáveis" decisões de Jackie. Maggie e Lucy frequentemente ficam trabalhando até tarde e vão juntas a reuniões, portanto Lucy tem muito tempo para falar mal da CEO, relatando seus problemas com Jackie nos ouvidos de Maggie. Esta tenta ignorar o *feedback* negativo, mas está começando a se sentir inclinada a aceitá-los.

Enquanto isso, sempre que está no escritório, Lucy passa o tempo livre fofocando com outros empregados, incluindo suas duas amigas,

Patty e Leslie. Estas sabem que Lucy é muito fofoqueira e depressiva, mas Lucy sempre consegue fazer com que a dupla ouça suas intermináveis queixas sobre Jackie.

O falatório atinge o auge no dia em que Lucy chega ao escritório e conta a Patty que, na noite anterior, Jackie havia confidenciado que estava pensando em demitir Leslie. Patty não resiste à descarga de adrenalina provocada pelo conhecimento de um segredo tão potente. As duas fofocam sobre isso durante toda a manhã, até que finalmente decidem contar a Leslie, na hora do almoço.

Quando Leslie sabe da novidade, fica perplexa e também muito zangada. Na certeza de que tem sido uma boa funcionária para a Zen, não entende por que Jackie faria isso. Durante as semanas seguintes, Leslie permanece taciturna e amarga, esperando silenciosamente que Jackie lhe apresente o bilhete azul. Depois de tanto aguardar, ela começa a imaginar se Lucy não se enganou, porque Jackie parece não ter a intenção de mandá-la embora.

Farta de tanta fofoca circulando no escritório, Leslie decide ir direto à fonte e pergunta a Jackie se os rumores sobre sua iminente demissão procedem. Tomada de surpresa e irritada, Jackie diz: "Claro que não! Eu apenas comentei com Lucy que talvez tivéssemos de fazer alguns cortes de pessoal. Mas além de isso ser confidencial, não citei nomes, e, com certeza, odiaria perder você, uma de nossas colaboradoras mais promissoras".

Leslie respira aliviada e admite: "Eu deveria ter perguntado a você logo que soube. Não posso acreditar quanto tempo perdi me preocupando com isso e ficando chateada".

Jackie concorda e acrescenta: "Antes de mais nada, eu não tinha que ter dito isso a Lucy. Sei o quanto ela é fofoqueira, porém o mais importante é que eu deveria estar à frente de meus empregados".

Mais tarde, Jackie chama Lucy em seu gabinete para confrontá-la sobre a fofoca. A princípio, Lucy nega tudo, mas depois finalmente admite que exagerou no tom. Quando Jackie lhe diz que ela precisa parar com essa mania de falatório, caso contrário estaria se arriscando a perder o emprego, Lucy responde que prefere procurar outro trabalho, onde possa encontrar uma chefia mais criativa. Em outras palavras, ela não está pronta para deixar de fofocar.

> Os outros colaboradores da Zen Marketing (especialmente Maggie, Patty e Leslie) respiram aliviados ao saber que Lucy — e seu falatório tóxico — finalmente vão embora. Jackie pede a todos que parem de sussurrar pelos cantos e, a partir daquele momento, apresentem suas preocupações diretamente a ela. E Lucy? Ela ainda está fofocando em algum lugar, só que desta vez arruína apenas seu próprio dia a dia.

O QUE É, EXATAMENTE, A FOFOCA?

Parte da razão pela qual a fofoca pode dominar muitos aspectos de nossas vidas se deve ao fato de que nem sempre percebemos quando estamos participando dela. Cada pessoa tem diferentes definições a respeito do tema. A fofoca causa polêmica até mesmo em relação ao seu significado. Ao menos é o que podemos perceber quando comparamos a definição da palavra em mais de um dicionário. Por exemplo: para o Merriam-Webster, trata-se de "tagarelice", enquanto o MSN Encarta informa que diz respeito a "espalhar boatos ou contar a pessoas detalhes particulares da vida alheia, especialmente maliciosos". *

Então, o que é a fofoca? Como definições muito distintas implicam em interpretações bastante diferentes, precisamos chegar a uma definição mais clara. Eis a nossa proposta:

> A fofoca é a troca de informação negativa entre duas ou mais pessoas sobre alguém que não está presente. Então, a menos que seu comentário seja elogioso, é melhor evitar. É muito simples: se for negativo, é fofoca.

---

* Dicionários online, no Brasil, também oferecem diferentes acepções para "fofoca". A saber: "comentário sobre a vida alheia, mexerico, boato, balela" (Aulete); "dito maldoso, disse me disse, afirmação não baseada em fatos concretos, especulação, aquilo que é comentado em segredo sobre outrem". [N. T.]

COMO A FOFOCA FERE

Muita gente é viciada em fofoca, principalmente porque parece ser um crime sem vítimas. Na maioria das vezes, você nunca tem a oportunidade de ver os efeitos de seu mexerico ou de encarar — olhos nos olhos — a pessoa à qual ele se refere, para ver como ela está ferida. Se fizesse isso, é bem provável que jamais fofocaria novamente.

Outra razão importante é que a definição de fofoca às vezes não é muito clara. É fofoca quando você comenta com seu colega de trabalho que Janie, da contabilidade, vai se divorciar, ou trata-se apenas de "bater com a língua nos dentes"? Você tem boas ou más intenções quando discute o divórcio de Janie? Você está tentando ferir a reputação dela ou está somente jogando conversa fora no momento do cafezinho?

O fato surpreendente é que a intenção dificilmente faz diferença. Mesmo que seja boa, quando você compartilha a informação nunca sabe se seu ouvinte terá o mesmo objetivo quando repetir a história para outra pessoa. E também não imagina a quantas pessoas ele resolverá contar, mesmo que haja uma suposta "promessa de sigilo".

Além disso, você não tem ideia de como Janie pode se sentir quando percebe que todo o escritório vem comentando sobre sua vida particular. Mas o maior problema da fofoca é que, independentemente do que você tenha falado a princípio, não há como ter controle sobre o que Janie vai ouvir, quando o falatório chegar até ela. E, mesmo considerando que você não estivesse com más intenções, isso não significa que a informação originalmente passada será compartilhada da maneira correta.

A combinação de todos esses pontos resulta em uma das melhores razões para qualquer pessoa evitar fazer ou participar de fofocas:

> Você não tem como controlar o fluxo da informação — ou, no caso, da fofoca —, seja quanto às pessoas que estão ouvindo as "notícias" ou quanto à pessoa sobre a qual estão sendo feitos os "comentários".

Depois de compartilhada com outra pessoa, a fofoca se torna propriedade desse interlocutor, e o que quer que ele possa fazer da história já não depende mais de você. Por isso:

> **A única maneira de ficar a salvo de um possível resultado negativo é evitar completamente a fofoca.**

POR QUE ELIMINAR A FOFOCA?

Agora, observe as desculpas que você vem formulando em sua cabeça sobre por que uma Empresa Livre de Fofoca não poderia fazer parte de sua vida. Pergunte-se o que tem a fofoca de tão importante a ponto de você não querer removê-la de seu escritório e de sua vida diária. Será porque você sente uma emoção surpreendente quando ouve uma informação secreta? Ou porque você aprecia aquele momento de superioridade em que tem de deixar alguém a par de um detalhe saboroso, que essa pessoa ainda não sabe? Talvez você se sinta melhor quando deixa os demais por dentro das novidades, ou que goste de parecer uma fonte de informações para ter todos ao seu redor. Muitas vezes, a fofoca pode ser uma forma rápida e fácil de livrar-se de emoções negativas que você nutre por alguém na empresa. Quando algo o deixa inquieto, com certeza haverá um alívio no momento em que você tirar isso do peito e compartilhar com outra pessoa.

Não há nada de errado com essas emoções. Todos nós gostamos de "estar por dentro" e de pertencer a algo, mas não seria melhor fazer parte de uma equipe coesa em um escritório amigável? Não seria melhor "estar por dentro" sem manter segredos ou esconder sentimentos de seus colegas e trabalhar em um ambiente aberto e autêntico? Quando se trata de fofoca, para cada indivíduo que está "por dentro" há alguém que está sendo completamente excluído. E isso pode incluir você. Em um lugar onde a fofoca é permitida ou até valorizada, ninguém está isento de ser alvo de falatórios. Felizmente, você pode começar a reconhecer que a fofoca é, de fato, o meio para um final infeliz.

Meu objetivo com este livro é compartilhar o que aprendi: a fofoca jamais satisfará estes anseios, e que você se sentirá muito melhor com seus companheiros de trabalho se todos se dedicarem com afinco a promover e praticar a comunicação autêntica permanente.

CRIANDO UM AMBIENTE LIVRE DE FOFOCA

Há alguns anos, descobri um caso grave de fofoca em minha própria empresa. Como a maioria dos empreendimentos dedicados a Relações Públicas, o meu estava cheio de profissionais jovens e talentosos e que eram especialistas em suas áreas. Infelizmente, nem todo aquele talento estava pronto para brilhar, basicamente porque alguns dos empregados passavam todo o tempo fofocando sobre a vida particular do pessoal da gerência. Depois que eu soube disso, achei que as coisas iam melhorar. Mas não foi o que aconteceu — tudo piorou. De fato, a coisa degringolou a tal ponto que tive de demitir a líder, uma jovem que, se tivesse outra atitude, seria muito eficiente, mas não conseguia resistir a uma "pitadinha saborosa" de fofoca.

Mas a fofoca não acabou ali. A mulher que eu demiti mantinha muitos amigos no escritório, e, depois que eu descobri que esses remanescentes continuaram a mexericar (um deles foi longe demais, divulgando informação confidencial de um cliente), tive de mandar embora todos os envolvidos. Não foi uma decisão fácil de tomar, especialmente em um lugar de gente tão unida. Mas sabia que, se não demitisse aqueles que estavam instigando o problema, eu jamais acabaria com a fofoca nem saberia em quais dos meus empregados poderia ou não confiar. Para que minha empresa se expandisse e fosse bem-sucedida, eu precisava me livrar daqueles cujo comportamento estava nos impedindo de progredir. Assim, fiz o que tinha de fazer com os fofoqueiros e não me arrependi.

Eu sabia, entretanto, que o processo podia não acabar ali. Percebi que minha empresa, assim como qualquer outra, estava programada para aceitar e encorajar a fofoca. Empregadores escondem segredos dos empregados, e estes, por sua vez, escondem segredos de seus colegas. No final das contas, o ambiente inteiro fica impregnado de conversas do tipo "você ouviu?" e "escuta essa", com muito poucas criaturas sabendo ao certo o que foi realmente dito na fonte ou qual é o verdadeiro problema. A única maneira de acabar com essa tendência é transformar completamente o local de trabalho em uma Empresa Livre de Fofoca.

> **UMA POLÍTICA CONTRA A FOFOCA:**
> - Um acordo formal, entre todos os empregados (seja verbal ou por escrito), para não participar de fofocas;
> - Um acordo para identificar e interromper qualquer fofoca, assim que for ouvida;
> - Um acordo para colocar a pessoa que for objeto da fofoca "a par" do que está sendo dito;
> - Um compromisso contínuo de revelar sentimentos verdadeiros e desejos no ambiente de trabalho, acabando assim com qualquer necessidade de espalhar fofocas ali.

Implementar uma Empresa Livre de Fofoca, como empregador, requer um certo tato. Algumas pessoas acreditam que falar livremente significa dizer qualquer coisa que desejem, sem levar em consideração quem está sendo ferido ou se é ou não verdade. Então, em vez de introduzir a política contra a fofoca como uma exigência, dê aos funcionários a alternativa de fofocar e ir embora ou não fofocar e permanecer no emprego. Como administrador, você tem o direito e até mesmo a responsabilidade de monitorar o ambiente em que seus colaboradores trabalham, então apresente a alternativa de maneira bem simples: ande na linha sem fofoca ou prepare-se para as consequências.

Em minha empresa, eu ofereci a escolha solicitando de meus funcionários um acordo verbal para não fofocarem. Outros empregadores, porém, podem optar por um documento por escrito, para que as pessoas assinem, comprometendo-se formalmente a não fofocar. Nem sempre é viável estabelecer algo por escrito. Decerto, muitas funções exigem discrição e confidencialidade, porque permitem acesso a informação privilegiada ou privada, pessoais ou profissionais de funcionários. Mas um acordo verbal e uma política social clara contra a fofoca costumam ser o suficiente para todos os funcionários.

Dependendo do tamanho de sua empresa, pode fazer sentido promover a campanha contra a fofoca por meio de reuniões em grupos ou pequenos encontros separados por funções específicas. Você pode reunir empregados por departamentos, setores. Isso é interessante porque é bem possível que nesses agrupamentos as pessoas sejam mais próximas e que, entre elas, haja mais possibilidade de existir fofoca. Primeiro, os funcionários não têm apenas a responsabilidade de evitar fofoca a todo custo. Devem, também, reprovar o falatório sempre que se derem conta de sua existência. Precisam enfrentar a criatura fofoqueira de alguma forma.

Segundo, têm de se dirigir a quem foi alvo do mexerico para revelar o que ouviram. Quem fofoca, por sua vez, tratará de confessar o que fez a quem foi alvo do falatório. Esse sistema, em que as vítimas serão avisadas de que o fofoqueiro terá de se revelar a elas, encorajará o mexeriqueiro a ser honesto. Acredite ou não, quaisquer vítimas, sem dúvida, ficarão agradecidas diante de tal transparência. Embora possam até ficar um tanto irritadas com o que vão ouvir, também se sentirão aliviadas por saber que a fofoca foi estancada e inteiramente revelada a elas.

Alguns leitores atentos poderão perguntar: *Será que dirigir-se à pessoa que é objeto de fofoca e relatar o falatório... bem... não será fofocar?* Não, em absoluto! Porque, em uma Empresa Livre de Fofoca, quem fofoca sabe muito bem que seus comentários serão abertos, e a pessoa que revelar o mexerico ficará compelida a se ater aos fatos. Além disso, quem revela não estará passando a informação para alguém nas costas de outrem. E precisará se limitar ao factual, diretamente a *um* indivíduo, com a intenção exclusiva de deter o comportamento fofoqueiro.

> **Transparência e verdade impedem a continuidade da fofoca por trilhas tortuosas.**

OS BENEFÍCIOS DE UMA EMPRESA LIVRE DE FOFOCA

Em um ambiente de trabalho ideal, a prática de ouvir e relatar fofoca não deve acontecer com muita frequência. Um lugar de trabalho perfeito e sem fofoca acaba totalmente com a necessidade de fazer circular os mexericos.

> Ao criar um ambiente em que empregadores e empregados possam compartilhar entre si seus sentimentos de maneira aberta, honesta e autêntica, a necessidade de fofocar será erradicada.

Embora não seja fácil implementar a comunicação autêntica no ambiente de trabalho, isso é possível, e os resultados são comprovadamente positivos. Instituí-la como o significado da interação interempresarial demandará algum trabalho e implica em assumir desafios. Mas quando as pessoas se sentem seguras ao compartilhar seus sentimentos e satisfeitas ao saber que suas necessidades estão sendo levadas em consideração, a maldade e a amargura deixarão de existir.

ENCONTRANDO RESISTÊNCIA

Quando comecei a implementar a política contra a fofoca em minha empresa, recebi uma infinidade de *feedbacks* de meus pares. Alguns zombavam da ideia de que eu pudesse, efetivamente, acabar com o falatório. "Como você poderá controlar o que as pessoas falam quando ninguém está olhando?", eles me perguntavam. Outros achavam que eu não tinha o direito de limitar a liberdade de conversa de meus empregados. Havia, ainda, quem garantisse que a fofoca faz parte da natureza humana, e que é preciso aceitá-la como uma parte integrante da vida.

No caminho para tornar realidade a política contra a fofoca, você encontrará algumas argumentações semelhantes. Aqui estão estratégias para enfrentar cada uma delas:

"PODE SER FEITO!"

Sim, pode. Você apenas tem de ser firme. Se um empregado não quiser parar de fofocar, então, como um último recurso, o contrato dele será rescindido. Para todos os efeitos, tenho orgulho de dizer que, desde que essa política foi oficialmente instituída, eu não tive que demitir mais ninguém. Os funcionários estão conscientes dessa iniciativa logo que começam a trabalhar na EPR e concordam com isso como parte de nossas melhores práticas de negócios. Se por acaso descumprirem sua promessa, receberão um alerta verbal. Se reincidirem, estarão fora!

> A ausência de fofoca, mais do que apenas uma escolha, tornou-se um requisito de trabalho.

E se é um requisito de trabalho, ninguém vai querer estar abaixo das exigências mínimas para o emprego. Além disso, seria terrível para um empregado perder a colocação por causa de algo tão mesquinho e superficial como fofocar sobre colegas. Quem quer ser conhecido como a pessoa fofoqueira da empresa?

"E QUANTO À LIBERDADE DE EXPRESSÃO?"

Se, no local de trabalho, a liberdade de expressão fosse inteiramente livre e sem nenhuma consequência, você poderia mandar seu chefe para @#%*!!!! Ou dizer ao funcionário que seu serviço é inútil. Mas, com certeza, você não faz essas coisas, porque sabe que haveria repercussões negativas. A mesma coisa vale para a fofoca na empresa. A fofoca é repleta de consequências ruins, e nenhum proprietário inteligente de uma empresa, que almeja a alta qualidade de trabalho de seus empregados, bem como as boas relações interpessoais no escritório, está disposto a fazer de seu empreendimento um modelo de negatividade e falsidade. A liberdade de expressão lhe dá o direito de expressar o que está em sua mente, mas, se isso extrapola os limites do que é aceitável corporativamente, você deve estar preparado para aceitar as consequências.

"É DA NATUREZA HUMANA!"

Você pode argumentar que um monte de coisas é da natureza humana — preguiça, letargia, inveja, mesquinhez —, mas será que isso tudo pode correr solto em um ambiente de trabalho? De jeito nenhum! Só porque algo é comum e frequente não significa que está enraizado para sempre em nossa natureza. Temos o poder de escolher e definir nossa personalidade, tanto dentro como fora da empresa. Desculpar o mau comportamento como próprio da natureza humana subestima a sociedade como um todo. Especialmente em um lugar em que o maior objetivo é o sucesso, como ocorre em um ambiente de trabalho, é importante que existam políticas proibindo comportamentos que impeçam a companhia de alcançar suas metas.

- A fofoca tem o poder de acabar com o clima no escritório inteiro, além de arruinar reputações e reduzir a produtividade.
- É possível acabar com a fofoca na empresa, desde que a maioria concorde em seguir esta política.
- As pessoas que não puderem parar de fofocar terão de encarar as consequências. Contribuir para a criação de um ambiente de trabalho saudável e autêntico faz parte da atribuição de um bom empregado.

Capítulo 2
SEMPRE, A VERDADE

A comunicação autêntica como chave do sucesso

> Que ínfima parte da existência de uma pessoa são seus atos e suas palavras? Sua vida real é controlada em sua cabeça e ninguém a conhece, exceto ela mesma.
> — Mark Twain

ACABAR COM A fofoca no local de trabalho é apenas um dos passos para criar um ambiente corporativo de comunicação autêntica. Esse tipo de comunicação permite a prática de *feedback* e contribui para o aperfeiçoamento da equipe, de maneira que a companhia possa criar um clima em que as necessidades e os anseios de todos sejam atendidos. Quando cultivamos o espírito de honestidade e quando a comunicação é realizada com base em boa informação, o ambiente de trabalho fica mais leve e tudo fica mais claro. E quando o clima dentro de uma empresa é de tranquilidade e confiança, certamente ela pode oferecer um melhor serviço aos clientes.

A mesma política de comunicação autêntica é necessária quando se trata de relações entre os empregados. Quando se nega o *feedback* e não se diz claramente o que uns pensam a respeito dos outros, isso contribui para que a negatividade se instale, estendendo sua ação corrosiva dia após dia. Na medida em que podemos entender com mais clareza a diferença entre comunicação autêntica e crítica (e compreender que certos tipos de comunicação, como a de natureza sexual, não são apropriados para o local de trabalho), e então criamos um espaço de abertura, percebemos que essa é a chave para um ambiente profissional agradável e bem-sucedido.

A CENA NA EMPRESA: Quando a retenção domina o escritório
O LUGAR: Barnaby Collections, LLC
O PROBLEMA: Comunicação falsa
AS PESSOAS: Carrie (a gerente), Gerry (o CEO), Jim (o assistente de Carrie)

A Barnaby Collections é uma pequena empresa especializada em resgate de fundos de companhias ao redor do mundo. Gerry começou o empreendimento há alguns anos, depois de sair de um emprego onde o ambiente era tóxico, e desde aquele momento se concentrou em contratar pessoas positivas, otimistas. Ele acredita em trabalho duro, mas também quer que seus empregados se divirtam e sejam alegres. E, mais importante ainda, deseja que seus colaboradores gostem dele, para garantir sua popularidade no escritório.

Infelizmente, a atitude descompromissada de Gerry nem sempre funciona bem para as questões gerenciais. Sempre que há um problema interno, um prazo apertado ou um desentendimento entre colegas, ele procura evitar uma ação própria de uma chefia. Não quer ser o cara mau nem aquele que reprime as pessoas e assim acaba deixando que seus empregados façam o que querem. Como resultado, aqueles que trabalham com mais afinco e estão realmente compromissados em agradar os clientes acabam sobrecarregados, para compensar a folga dos desmotivados.

Carrie está entre os colaboradores mais empenhados. Ela conhece Gerry há anos (estavam juntos na empresa anterior) e sempre gostou da companhia dele. Ela pensou que seria adorável trabalhar com um sujeito tão divertido e amigável. No entanto, depois de uns poucos meses na Barnaby Collections, ela descobriu que se tratava do contrário. Como Gerry está sempre tentando ser amigo de todo mundo, ele nunca se comporta como patrão e certamente jamais pede a ninguém para ficar mais tempo ou reduzir o horário de almoço, de maneira que sobra para ela ficar no escritório até bem depois do horário de saída, e, sozinha, trata de concluir projetos em curso.

Jim é um exemplo, entre outros empregados, de pessoa que tira vantagem da atitude gerencial negligente de Gerry. Sempre que este lhe pede para fazer algo, Jim mal toma conhecimento. Passa a maior parte do tempo no computador, surfando na internet e, com frequência, falta ao trabalho com a justificativa de que está doente. Carrie tem de fazer todo o trabalho dele, inclusive tarefas que ela sequer teria tempo para cuidar no horário de expediente, de maneira que só consegue ir para casa tarde de noite, exausta e irritada. Em vez de dizer a Gerry como ela se sente sobre o desempenho de Jim e também falar da atitude do próprio chefe, Carrie decide procurar outro emprego.

Quando Gerry se dá conta da iniciativa de Carrie, depois de ouvir os boatos, ele sente raiva e fica magoado. E chama a colaboradora em seu gabinete para saber o que está acontecendo.

"Carrie, suponho que você saiba por que eu a chamei aqui, hoje", diz Gerry.

"Sim. Soube por Rob que você descobriu que estou procurando outro emprego", diz Carrie, friamente.

Sua atitude distante surpreende Gerry. "Sim, mas não entendo. Somos amigos há anos. Se você está infeliz aqui, por que não me contou?"

A expressão de Carrie é meio zombeteira, até que ela deixa sair toda a frustração reprimida. Ela grita: "Do que diabos você está falando? Por que eu deveria lhe dizer que não estou feliz por ter de trabalhar sessenta horas por semana, enquanto a seu 'amiguinho' Jim só cabe a metade disso? Estou farta de ficar carregando piano aqui, sem conseguir nem mesmo chegar em casa a tempo de colocar meus filhos para dormir, tudo porque você não quer ser o cara mau e fixar as regras!".

Gerry fica ali, confuso e quieto. "Não tinha ideia de que você está trabalhando tanto assim", ele começa, mas Carrie o interrompe.

"E você me chama de amiga!", ela reclama. "Se fosse mesmo meu amigo, devia ter notado como eu estava absolutamente exausta. Tinha de ter percebido que eu sequer consegui reservar tempo para visitar minha mãe no hospital, no mês passado, tudo porque Jim decidiu avisar que estava doente e faltou quatro dias seguidos!"

Gerry, que está ficando irritado, replica: "Não, eu não deveria ter percebido essas coisas! Você tinha de ter falado, me contado o que estava acontecendo com você. Eu nem sabia que sua mãe tinha sido internada. Nem que Jim faltou quatro dias seguidos. Essas são coisas sobre as quais você tinha de me alertar. Você diz que eu não sou um bom administrador, mas me parece que você também não se comportou melhor com Jim. Se tivesse aberto a questão para mim, talvez as coisas tivessem sido diferentes".

"Agora é tarde demais", diz Carrie.

"Nunca será tarde demais para saber o que está acontecendo com meus amigos, principalmente com você", diz Gerry. "Conte mais do que se passa aqui e me comprometo a fazer tudo para corrigir. Juntos, podemos garantir que você passe mais tempo com sua família e que Jim comece a assumir suas responsabilidades."

Depois dessa conversa, Carrie desistiu de sair da empresa, e Gerry mudou sua postura, tornando-se não o "cara mau", mas um bom e verdadeiro gestor, sabendo aplicar as regras e cobrar desempenho dos seus funcionários, de maneira sensata e gentil, nunca deixando de estar aberto ao diálogo. E ele continua sendo popular na empresa.

SEJA AUTÊNTICO COM OS CLIENTES

A parte mais difícil da comunicação autêntica no local de trabalho é aperfeiçoar a arte do discurso verdadeiro com os clientes. A tradição dos negócios nos diz que o "consumidor está sempre certo", e a maioria dos provedores de serviços está disposta a fazer qualquer coisa para adular seus clientes. Tomamos essa atitude com frequência, em detrimento da comunicação autêntica, e nos forçamos a dissimular o que é verdade, para nós. Entretanto, negar *feedback* autêntico em nome da satisfação do cliente costuma ser, de fato, contraproducente.

> Quando nos esforçamos para agradar os clientes a qualquer preço, frequentemente prestamos um desserviço a eles.

Por quê?

Porque a criação e a manutenção de relações verdadeiras entre parceiros é o papel mais valioso que um fornecedor de serviço pode oferecer a um cliente. Atitudes do tipo "sim, senhor", busca de bodes expiatórios e adulações não representam um bom serviço a seus clientes ou à sua própria equipe, porque não ensinam como aconselhá-los construtivamente de forma a atuarem com mais sucesso.

> **Seus clientes vieram até você porque você tem uma série de habilidades que eles não possuem; precisam de sua ajuda para expandir seus negócios e criar altos níveis de sucesso para as empresas deles.**

Se você oferece maus conselhos a seus clientes por medo de dizer que alguma coisa pode não estar funcionando direito, você não está fazendo completamente o seu trabalho, e eles jamais atingirão seu pleno potencial.

> **Ninguém progride na vida criando falsos relacionamentos e tomando decisões de negócio que não levam a lugar algum — e qualquer decisão de negócio é arriscada se não for conduzida pela verdade.**

Comunicação falsa ou "simulada" não funciona bem, especialmente em minha área, a de relações públicas. Por exemplo, se um cliente não tem um bom desempenho na televisão, ele precisa saber disso, caso contrário essa imagem ruim afetará tanto o negócio dele como o de seu fornecedor. Fingir que a atuação dele na tevê foi um sucesso prejudica ambas as empresas. O público não se interessará em investir no produto de seu cliente e sua empresa de relações públicas dará a impressão de ter oferecido uma orientação inadequada. Portanto, comunicar-se equivocadamente com seu cliente — e, por tabela, com o público — destrói o propósito de seu contrato.

Na EPR, transformamos em política ser sempre honestos com nossos clientes, não importa o grau de dificuldade que enfrentemos. Por exemplo, se nossos clientes têm uma ideia ruim, nós somos absolutamente francos com ele. Não seguimos em frente e usamos a ideia ruim de qualquer maneira, partindo do pressuposto de que o cliente é o rei, porque quando a ideia não resultar em nada e a campanha publicitária falhar, ele vai querer saber por quê. Antes que se desperdice tempo e dinheiro, nós freamos a coisa (não importa de quem a ideia tenha partido) e tratamos de produzir boas ideias. Obviamente, não é fácil encarar um cliente e dizer a ele "eu não concordo", mas é melhor do que arriscar sua própria reputação com ele e diante da mídia.

Afinal de contas, os clientes não contratam uma empresa externa porque estão interessados na subserviência de seus profissionais. Pelo menos não conscientemente. Qualquer um pode ser obediente — não é preciso ter nenhum talento especial ou criatividade para andar na linha. Um provedor de serviços tem de oferecer mais do que simples obediência; é preciso que entregue aquilo pelo qual o cliente está pagando. Ajudar o seu cliente a crescer e mudar cria um relacionamento valioso e duradouro que renderá resultados financeiros e emocionais durante o contrato.

Uma boa maneira de começar um relacionamento autêntico com seu cliente é anunciar suas intenções no início do contrato. Eu uso o fato de me comunicar autenticamente como parte de meu discurso inicial de vendas e, acredite ou não, meu compromisso com a honestidade tem, realmente, me rendido muitos clientes. Se você está no meio de uma parceria, pode iniciar a comunicação autêntica simplesmente anunciando a inclinação de ser sincero e direto e, depois, compartilhar seu *feedback*.

É possível fazer a mesma coisa com seus empregados. Utilizo o processo de entrevista como uma oportunidade de explicar a potenciais novos funcionários nossa política de comunicação autêntica e contra a fofoca, e tento observar se esse é um ambiente que eles podem aguentar. Porque, se eles não conseguirem seguir as nossas filosofias, nossa empresa não é uma boa opção para eles.

COMUNICAÇÃO AUTÊNTICA COM OS EMPREGADOS

Como administrador, descobri que bloquear o que se sente ou pensa faz com que tudo e todos fiquem tensos e desconfortáveis, no local de trabalho. Compartilhar meus desapontamentos permite que meus empregados mudem e que eu altere meus sentimentos e siga adiante.

A comunicação autêntica não é necessária apenas para as pessoas que estão nos níveis mais inferiores da pirâmide empresarial. É especialmente bem-vinda e necessária ao longo de toda a cadeia de comando.

> **Administradores têm de se abrir para a comunicação autêntica com seus empregados e também precisam estar receptivos a ouvir a comunicação autêntica de seus colaboradores.**

É desnecessário dizer que a comunicação não será sempre positiva. Se os *feedbacks* forem positivos todo o tempo, não haverá nenhuma razão para se esforçar em busca de mudanças que resultem em novos e melhores resultados. Portanto, a questão não se restringe ao fato de receber um *feedback* negativo ou manifestar um descontentamento com um colega de trabalho, mas sim aprender a se comunicar autenticamente, de forma verdadeira, sem que haja a intenção de ferir sentimentos ou rebaixar alguém. Ao abrir-se para a verdade, administradores podem criar um círculo de comunicação de 360° dentro da empresa, com um dar-e-receber *feedbacks* benéfico para todos, do empregado temporário que atua no recebimento de correspondência ao presidente da companhia.

O PROGRAMA AVANÇADO DE COMUNICAÇÃO AUTÊNTICA

Uma vez que você e seus colegas tenham aperfeiçoado, mutuamente, os pequenos passos da comunicação autêntica, estarão prontos para um estágio avançado envolvendo a empresa como um todo. Essa próxima etapa de aprendizagem implica que todos se reúnam e trabalhem, como grupo, na implementação das técnicas de comunicação autêntica, para torná-la a expressão da própria companhia. Vocês terão acesso a essas ferramentas ao longo deste livro e todas elas ajudarão cada um dos envolvidos a tornar-se um especialista na matéria.

Esse processo começa com o compartilhamento individual do que tem sido oculto uns dos outros. Depois que todos tiverem feito isso, liberando o que deixaram de declarar (sejam questões de pequena ou grande importância), os sentimentos abafados estarão totalmente abertos, permitindo que cada um, na empresa, esteja em sintonia. É importante que, ao começar o programa avançado, você dê continuidade a ele com reuniões semanais que se concentrem exclusivamente no estado mental e nos sentimentos de seus empregados. Esses encontros devem ocorrer separadamente de outros, em que o foco é no trabalho, e com relatórios semanais de avanços.

A implementação desse programa envia uma forte mensagem a seus empregados, comunicando a eles que você os valoriza como indivíduos com emoções e sentimentos, em vez de considerá-los autômatos, os quais só existem para dar andamento ao trabalho e fazer balanços de resultados. Oferecer a eles um fórum onde podem e são encorajados a se comunicar autenticamente em um ambiente seguro mostra que você se preocupa com a saúde mental deles e também com a maneira como eles se sentem, enquanto membros de sua empresa. Demonstrar o quanto você valoriza o trabalho deles também fará maravilhas para aumentar a moral do empreendimento e, certamente, seu trabalho ético. Quem é que não gosta de se considerar parte de algo em que suas contribuições e iniciativas importam? Não me lembro de conhecer alguém que se sinta verdadeiramente estimulado a trabalhar num ambiente que não se preocupa com seu bem-estar pessoal ou emocional.

Para garantir o sucesso desse programa, é aconselhável que você procure por um facilitador que dirija a reunião. Pode ser um coaching de equipes, um gestor, um consultor empresarial. Afinal, a verdadeira razão do surgimento de problemas é porque os seres humanos, em geral, têm dificuldades para se comunicar de forma autêntica, em especial no ambiente de trabalho. Incluir um profissional dessa área ajudará a tornar esse movimento efetivo e bem-sucedido, e provará a seus empregados sua seriedade ao assegurar que eles podem se expressar abertamente dentro da empresa. A presença de uma pessoa que não está envolvida no que se passa no escritório é importante, pois permite que o encontro transcorra em um clima de neutralidade.

- As pessoas não podem ler sua mente, especialmente aquelas que não o conhecem profundamente, como colegas de trabalho e clientes. Na verdade, mesmo aqueles bem próximos, como familiares e amigos bem chegados, não conseguem saber tudo o que você está pensando e sentindo.
- Se quer melhorar seus relacionamentos e, portanto, a sua vida, você precisa se expressar e revelar suas histórias e emoções ocultas. Só assim pode conquistar relacionamentos autênticos e saudáveis.

Capítulo 3

ENCARE SEUS PERSONAGENS

A vítima, o vilão e o herói.

> *Seja você mesmo; todas as outras personalidades já têm dono.*
> — Oscar Wilde

QUEM É VOCÊ, hoje?

Pode parecer uma pergunta boba. Mas a verdade é que a maioria de nós passa a vida inteira aprisionada em um "personagem". Em vez de agirmos com nosso verdadeiro ser, representamos um falso papel na tentativa de atender melhor nossas necessidades emocionais, seja dentro ou fora da empresa.

Esses papéis podem variar bastante. Talvez ao chegar ao escritório, a cada dia, você coloque no rosto uma expressão que pensa que seu chefe e seus colegas *desejam* ver, em vez de incorporar o indivíduo que é de verdade, quando está em casa ou entre amigos. Isso não é inteiramente negativo e acontecerá com certa frequência, devido ao fato de que o ambiente de trabalho tem exigências distintas daquelas do familiar. Entretanto, para se comunicar de forma autêntica e efetiva no trabalho, é fundamental avaliar seu personagem e analisar como aqueles ao seu redor veem você.

> **A CENA NA EMPRESA:** Personagens em desfile
> **O LUGAR:** Agência de Propaganda Hopleaf & Mannon
> **O PROBLEMA:** Comunicação entre personagens, em vez de seres autênticos
> **AS PESSOAS:** Nelly (executiva), Angela (nova sócia), Thomas (o CEO)

Nelly está na agência de publicidade Hopleaf & Mannon há quatorze anos. Durante esse período, tem trabalhado com grande empenho, e suas realizações e sucessos têm, de fato, impressionado seus superiores. Em razão de seu êxito profissional, Nelly foi promovida a executiva, com direito a uma das melhores salas da empresa. Ela adora o trabalho durante a maior parte do tempo, e considera os colegas como verdadeiros amigos. Sua comunicação interpessoal com os funcionários vinha sendo ótima, até pouco tempo atrás.

Há alguns meses, uma nova sócia, chamada Angela, começou a trabalhar no departamento de Nelly. A princípio, Nelly não se deu conta da presença dela, mas ultimamente vem observando a moça, porque esta recebeu, em um ano, não apenas uma, mas duas promoções — e Nelly tem certeza de que não são merecidas.

Magoada e desanimada quanto ao que considera uma injustiça, Nelly passa muitas noites afogando suas mágoas em um bar próximo da empresa, junto com seu colega e grande amigo, Greg. Enquanto ouve os lamentos, Greg aproveita para inflar o ego dela, assegurando que Nelly ainda é a funcionária número um da Hopleaf & Mannon.

Apesar dos estímulos de Greg, Nelly continua se sentindo cada vez mais ameaçada por Angela. Às vezes é surpreendida pelo que considera uma espécie de proteção, como o fato de um dos patrões convidar Angela para o almoço. Outras vezes, Nelly julga a maneira como Angela se veste e se sente ofendida pelo caráter da outra e pelo que entende ser falta de profissionalismo. De um jeito ou de outro, a coisa evolui para um ponto em que tudo o que Angela faz deixa Nelly absolutamente louca.

Mesmo que, sem dúvida, Nelly seja sempre valorizada no ambiente de trabalho, ela teme chegar à empresa todos os dias. Detesta ver

Angela conversando com os clientes e, durante as reuniões semanais de criatividade, menospreza as ideias de Angela, consideradas brilhantes. Mas, enquanto ela passa o tempo todo fazendo maus julgamentos, Ângela fica imaginando por que Nelly, que antes era tão amigável, ficou cada vez mais distante, e por que Greg parece evitá-la, também.

Finalmente, depois de uma reunião particularmente tensa, o CEO da empresa, Thomas, interfere. Ele chama Nelly de lado e lhe pergunta por que ela está agindo de maneira tão bizarra, ultimamente. Envergonhada por seu comportamento negativo estar impregnando o escritório, Nelly desconversa e tergiversa, até que finalmente admite: "Sinto muito, Thomas, mas tenho tido um problema com Angela. Eu sei que todos pensam que ela é tão maravilhosa e uma fabulosa aquisição para a companhia, mas eu não entendo por que ela recebe tudo de mão beijada. Eu trabalhei duro para chegar onde estou hoje. Sempre fico até tarde. Tenho investido meus fins de semana no aperfeiçoamento de projetos e na elaboração de relatórios. Reitero, continuamente, a decisão de renunciar à vida social pelo trabalho e o sucesso da empresa. E agora, depois de uma década, Angela chegou, nunca teve que trabalhar um só dia até mais tarde, e é promovida. Não entendo isso e simplesmente acho que está errado!".

Preocupado com a explosão de Nelly e com o fato de que ela obviamente vinha reprimindo essas emoções há tempos, Thomas replica: "Eu não tinha a menor ideia de que você se sentia tão mal, Nelly. Até pensei que gostasse do trabalho de Angela. Você nunca se queixou disso antes".

"Eu sei", diz Nelly. "E tentei enxergar o que todos os demais estão vendo, mas isso não significa que penso que ela deveria ser promovida sem nenhum motivo."

"Bem, não é sem razão, Nelly. Angela tem trabalhado bastante e é muito talentosa. É mesmo uma grande aquisição para esta empresa. Você sabe disso. O que, realmente, está aborrecendo você?"

"Bem..." —, responde Nelly, como se finalmente fosse obrigada a analisar a verdadeira origem de seu destempero —, "eu senti que seria simplesmente passada para trás. Essa garota está em plena ascensão, bem diante de meus olhos. Antes que eu imagine, vou ser demitida".

"Você está louca? Você ajudou a construir a empresa, Nelly. Ninguém pode negar isso. Nem deseja. Mas isso não significa que você deva ser a única mulher inteligente aqui. Queremos que todos os nossos colaboradores sejam, e que todos tenham êxito. Por que você está tão empenhada em ser a única mulher de sucesso na companhia?", quer saber Thomas.

Nesse exato momento, Nelly percebe que ele está falando a verdade. Ela está tão presa em seu personagem de mulher astuta e bem-sucedida que fica desnorteada ao encarar uma concorrente nessa frente. E apesar do quanto ela desejou, inicialmente, ver Angela falhar, a verdade é que a colega é inteligente e talentosa. Nelly fica chocada ao notar que quase deixou sua personagem de "mulher independente, notável" atrapalhar a carreira de Angela.

Quando revela a Greg sua descoberta, ele percebe que também havia deixado que seu personagem de "amigo útil" o impedisse de ajudar Nelly. Em vez de ser sincero e franco com ela (admitindo que até aprecia Angela e que Nelly deveria preocupar-se com sua própria vida, deixando a outra em paz), ele se dispôs a dar ouvidos às lamúrias e reclamações de Nelly. Havia deixado que ela agisse como vítima, para que ele pudesse bancar o herói, mas, no final das contas, só mesmo Nelly poderia se salvar.

Esforçando-se para mostrar boa vontade, Nelly convida Angela para almoçar, no dia seguinte, e descobre que a colega é tão brilhante e inteligente como todo mundo diz que é. Então, em vez de se sentir ameaçada, Nelly decide ajudar a promover as ideias e a criatividade da moça, da mesma forma como um colega havia sido seu mentor, no passado.

Quando Nancy se dispõe a abandonar aquele personagem amargurado, ela se torna capaz de fazer uma verdadeira conexão com Angela, deixando para trás a amargura e a inveja que se interpuseram no seu trabalho. O ambiente de trabalho de Nelly melhorou muito, e ela descobriu não apenas o respeito por sua colega, mas também uma nova amiga.

O QUE SÃO PERSONAGENS?

Para entender melhor o conceito de personagens, vamos examinar os três mais comuns, aqueles que todos temos vivenciado em nossas vidas. São eles: "vítima", "vilão" e "herói", um conjunto também conhecido como Triângulo Dramático de Karpman.

O TRIÂNGULO DRAMÁTICO

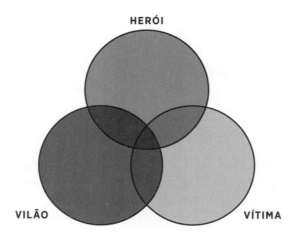

Durante nossas interações, com frequência assumimos um desses três personagens, às vezes até mesmo alternando-os ao longo da conversa.

> **Vítima**
> Você sabe que está desempenhando o papel de vítima quando usa um argumento partindo da postura de "pobre de mim". Vítimas alegam impotência e frequentemente começam as frases com "eu não posso" ou "eu não sei". Vítimas se abstêm da responsabilidade por sua própria situação de vida e acham que as coisas "acontecem" a elas, em vez de serem consequências

de algo que elas mesmas causaram. Acreditam que a origem de sua tristeza, raiva etc. é alguém ou alguma coisa. Elas geralmente sentem-se incapazes de mudar qualquer acontecimento que lhes cause raiva, medo ou tristeza. Durante uma briga, as vítimas também podem se fechar ou se esconder, para evitarem o conflito. Elas se consideram perseguidas pelo mundo e tendem a não assumir a responsabilidade por suas próprias ações ou emoções.

Herói
Este é um papel muito popular entre os profissionais assoberbados. Você conhece alguns colegas ou empregados que "fazem tudo" e deleitam-se com o fato de estarem sempre com a agenda totalmente lotada? Eles adoram ter "muito trabalho a fazer" e estão sempre concentrados no BlackBerry. Geralmente eles não têm tempo para nada, porque sempre há uma próxima reunião, um novo projeto grandioso, ou outro componente da vida de uma pessoa ocupada, bem-sucedida, profissional. O herói se comporta como um mártir, acumulando responsabilidades e recusando ajuda para sentir-se superior ou útil. Pode também agir como um mártir por concentrar responsabilidades emocionais, como o fato de sempre atender às necessidades de seus colegas e ignorar as próprias. Os heróis geralmente colocam as necessidades alheias antes das suas e farão qualquer coisa para que possam considerar-se "altruístas". Durante uma discussão, o herói tende a se deixar vencer pela outra pessoa, apenas para manter a paz, ou deixa de ser franco para não correr o risco de ferir os sentimentos de seus companheiros.

> **Vilão**
> Quando encarna o personagem do vilão, você ataca, acusa ou se comporta agressivamente em uma discussão. Assume uma atitude de confronto, pronto para apontar o dedo. Um vilão eleva o tom de uma briga em segundos. Para ele, não existe essa coisa de pequeno debate. Até que você admita que ele está certo, continuará a ampliar a briga, conduzindo-a ao próximo nível. É manipulador, falastrão e é muito difícil ter, com o vilão, um diálogo, é sempre uma conversa unilateral.

Esses três personagens estão muito ligados entre si e, de fato, cada qual necessita de um dos outros dois para sobreviver. Não é possível que alguém encarne plenamente um sem alimentar outro. (Por exemplo: um personagem vítima não existe sem um personagem vilão para persegui-lo ou o personagem herói para salvá-lo.) As pessoas que desempenham esses personagens podem alterná-los no meio da conversa ou até vivenciar mais de um ao mesmo tempo — como uma vítima que é um vilão passivo-agressivo ou um herói que é uma vítima dissimuladamente em busca de atenção.

Se esses papéis ainda não lhe parecem familiares, leia o exemplo de uma conversa típica de ambiente de trabalho na qual o Triângulo Dramático corre solto:

Kate: Não posso acreditar que vou ter de trabalhar até mais tarde, de novo, esta noite! Isso sempre acontece comigo.

Jeff: Isso é muito duro! Você tem ficado até tarde todas as noites desta semana.

Kate: Sim, e graças ao Brendan. Ele se esqueceu completamente de nossa apresentação hoje e agora eu tenho de fazer a parte dele.... como sempre.

Jeff: Não se preocupe. Tenho certeza de que você vai dar conta de tudo. Suas apresentações são sempre excelentes.

Kate: Bem, eu gostaria que isso fosse notado por mais pessoas. Há seis meses não tenho nenhum aumento, embora trabalhe muito mais do que quase todos aqui.

Jeff: Você tem razão. Às vezes eu sinto que a gerência valoriza mais aqueles que realmente não merecem. Como Janet... ela chega atrasada todos os dias!

Kate: Nem me fale... no caso dela sinto que estou, constantemente, cobrindo sua displicência, também!

Jeff: Ontem eu tive de ajudá-la a entender como se usa a planilha do Excel. E parece que não paro de fazer isso: treinar as pessoas incompetentes que são contratadas.

Você percebe como Kate e Jeff trocam de papéis ao longo da conversa, para que suas necessidades emocionais sejam atendidas? Ou como eles reagem, mutuamente, ao trocar de personagens? Por exemplo, quando Kate faz a vítima, Jeff se torna o herói. No fim da conversa, tanto ele como ela se alternaram várias vezes, em cada modelo.

O mais surpreendente de tudo é que, no final, nenhum dos dois termina o diálogo se sentindo melhor! A razão é:

> Participar de uma conversa com personagens, sendo que você também está desempenhando um papel, é muito desgastante, e pode levar à exaustão emocional, porque na maioria das vezes você não está admitindo o que realmente sente.

A constante mudança de papéis e táticas para receber atenção ou reconhecimento acaba esgotando tanto você como o interesse de seu ouvinte. Quando você se comunica com sinceridade, sem incorporar nenhum personagem, isso faz de você autêntico, e o torna, de fato, presente. Ser vivaz é conduzir-se honestamente e fazer o outro indivíduo realmente entender seus pensamentos e reações, em vez de apenas oferecer respostas automáticas a partir das limitações de seu personagem. Apesar da falta de autenticidade e de satisfação características de determinados tipos de conversas, a maioria das pessoas não conhece melhores formas de dialogar. Assim, sua vida na empresa (e em casa) torna-se um carrossel de personagens e de argumentos fechados.

Achamos que precisamos esmagar ou esconder as piores partes de nós ou que temos de ser inteiramente agradáveis a qualquer um com quem interagimos. Não queremos mostrar ao mundo nossa inveja, intolerância ou amargura, porque sabemos que não são sentimentos admiráveis para ostentar no local de trabalho. Quando, porém, reprimimos emoções naturais, como tristeza, raiva e medo, elas simplesmente se deterioram em nosso interior, e podemos ficar presos nisso.

A verdade é que todos nós manifestamos sentimentos e reagimos a situações individualmente. As emoções e a forma como as exprimimos, indiscutivelmente, não são controláveis. Os problemas começam a acontecer quando, em vez de se manifestarem autenticamente, essas emoções são sempre canalizadas através de um personagem. Sem uma saída para se expressar de maneira franca e sem subterfúgios, tais emoções logo se tornam nocivas dentro de nós, deteriorando nossa saúde, criatividade e paz de espírito.

A melhor forma de abandonar seu personagem e retornar à comunicação verdadeira é reconhecer que você está desempenhando um papel. Só quando se conscientiza do fato de que está atuando é que você será capaz de mudar isso.

IDENTIFIQUE SEUS PERSONAGENS

O primeiro passo é reconhecer quais personagens você encarna. Todos temos nossas próprias "histórias" que contamos a nós mesmos e aos outros sobre quem somos e qual é nossa posição na empresa. Podemos não usar os termos vilão, vítima e herói, mas usamos eufemismos para descrever nossas personalidades no local de trabalho. Um empregado que se identifica como alguém empenhadíssimo e que jamais sai do escritório antes do cair da noite está desempenhando o papel de herói, enquanto o colega que nunca assume responsabilidades e sempre conta um enredo triste para desculpar seu desempenho pífio é uma vítima.

Embora seja muito fácil reconhecer personagens nos outros, pode ser meio complicado fazer o mesmo conosco, geralmente porque não gostamos de observar com a devida atenção nossos próprios defeitos. E mesmo quando enxergamos o que há por trás de nossos diferentes personagens, não significa que é fácil mudar a forma como nos comunicamos.

Qual é a solução? Trazer esses personagens à superfície! Na próxima vez que você sentir que está encarnando um personagem, não procure ocultá-lo. Ao contrário, trate de acolhê-lo e interaja com ele! Brincar com os personagens é uma ótima maneira de se familiarizar com eles e até mesmo de se divertir com essas inclinações, que de outra forma seriam desagradáveis. Entenda seus personagens individualmente. Permita-se — e à sua personalidade — certa magnitude, ao reconhecer os distintos personagens, e lhes dê nomes, bem como características fáceis de reconhecer. Confira, a seguir, alguns exemplos de personagens bem comuns:

> **Sr. Certo:** Esse personagem é o que se manifesta, com frequência, quando alguém quer exercer o controle em um mundo de incertezas. Ele se recusa a aceitar pontos de vista e não quer ouvir ideias alheias. Está sempre certo e não reconhece outras lógicas nem aceita argumentos contrários aos seus.

> **Complacente:** Odeia dizer "não". Assim, jamais recusa trabalhos nem pede ajuda ou manifesta dúvida ou resistência. Procura fazer todo o possível para impressionar e agradar seu chefe, mesmo que isso signifique deixar de lado sua própria paz de espírito ou relacionamentos externos aos do ambiente de trabalho. Fará qualquer coisa para agradar alguém. Não importa a que custo.

Preguiça Pura: Como o nome sugere, Preguiça Pura detesta fazer mais do que o mínimo, no trabalho. Acha que o emprego jamais deve interferir em sua vida social e se sente ultrajado sempre que não consegue sair do escritório na hora certa. Indolente, desmotivado e sem o menor interesse em desenvolver sua carreira ou honrar suas responsabilidades profissionais, está ali mais para cumprir horário, pegar o contracheque e ir para casa.

Eu Eu: Por mais atenção que receba, não lhe parece suficiente, como seu nome indica. Tem de incluir seus palpites em cada conversa que surja, mesmo que não tenha a menor ideia a respeito do que está dizendo. Seu egocentrismo deriva de ter uma opinião sobre tudo e assegurar-se de que terá reconhecimento. Só fica feliz quando está no centro do palco, mesmo que tenha de passar por cima de outras pessoas para ficar sob a luz do refletor.

Sr./Sra. Mártir: Esse personagem se sente explorado e trata de explicitar essa sensação a quem quer que surja em sua vida, dos colegas de trabalho à senhora que encontra no café da esquina ou aos passageiros com quem viaja no ônibus. Ele não perde uma chance de falar de suas agruras. Não há nenhuma possibilidade de convencê-lo quanto ao fato de que pode assumir o controle de seu destino, e ele se refestela afogando-se (e levando junto todos os que o cercam) em suas tristezas. Embarcar em suas lamúrias e legitimar suas reivindicações só faz alimentar o fogo. Não se deixe enganar por seu comportamento depressivo; ele simplesmente adora suas histórias tristes!

Será que alguns desses personagens se parecem com você ou com algum colega de trabalho? Quando você reconhecer os personagens, não os esconda nem tente disfarçá-los. Em vez disso, traga-os à tona e se empenhe em transformá-los em algo mais autêntico. Ao representar seus personagens intensa e conscientemente, você pode evitar a inclinação de tornar-se apegado a eles, justamente porque vai reconhecê-los pelo que são — meros papéis. E, uma vez que você está encarnando um papel, por que não atuar plenamente?

Quando você encarnar um personagem, atue de maneira integral. Adote uma maneira de falar (por exemplo, o Sr. Certo se expressa com energia, enquanto o tom do Complacente é adocicado) e, quem sabe, até alguns maneirismos (Preguiça Pura boceja demais, Eu Eu faz gestos grandiosos). Transforme a coisa em um verdadeiro teatro (afinal de contas, é isso mesmo!). Diga claramente a seus colegas de trabalho o que é que você está fazendo e incentive cada um deles a atuar, também, com seus personagens.

Embora seus personagens possam ser nocivos caso permaneçam fora de controle, é fundamental que você não os ridicularize nem sinta culpa ao encarná-los. Não há nada de intrinsecamente errado com eles. A maioria deles tem, na verdade, uma origem amorosa e energia positiva. Por exemplo, o Sr. Certo deriva de alguém desejoso de ver as coisas organizadas e pacíficas, e Eu Eu da necessidade de ser amado e notado. Não há nada de errado com isso. Os personagens só se tornam problemáticos quando ficam fora de controle e estão mascarados sob emoções e padrões de comunicação falsos.

Quando você ama seus personagens, com suas falhas e tudo o mais, é capaz de transformá-los facilmente. Pode enxergá-los de um ponto de vista objetivo, sem raiva nem tristeza. Isso significa que você é capaz de se desligar deles e mesmo assim continuar com uma perspectiva positiva.

Tão logo você reconheça e acolha seus personagens, poderá dar o próximo passo... e conseguirá ter controle sobre eles!

ASSUMA E MUDE: SAIA DO PERSONAGEM

Será que existe a possibilidade de comunicar-se 100% autenticamente o tempo todo? Infelizmente, não. Como criaturas imperfeitas, sempre nos afastamos da expressão verdadeira, resvalando em direção a velhos padrões e hábitos. Para alguns, isso pode significar encarnar alguém como o Sr. Certo, para outros, talvez implique entregar-se a determinada emoção, como a tristeza, e ficar refém dela o dia inteiro.

Mas não se preocupe. Essa alternância é natural e faz parte do processo de construir a verdadeira comunicação. Você terá altos e baixos todos os dias, ao longo da sua vida, mas felizmente também passará por mudanças que o ajudarão a lidar melhor com suas emoções e a aprimorar a sua comunicação.

Ao mudar, você reconhece que está preso em um personagem ou em uma emoção. Para iniciar o caminho de volta à comunicação autêntica, basta perceber que se afastou do personagem ou da emoção. Quando nota que está representando um papel em vez de agir com autenticidade, você pode mudar, deixando de ser uma "vítima" para retornar à sua verdadeira essência autêntica ou ao fluxo natural da vida. Ao descobrir que encarnou o Sr. Certo, relaxe e trate de iniciar o movimento de volta à realidade.

Pouco importa quantas vezes por dia você incorpora o personagem (embora provavelmente tenda a interpretá-lo cada vez menos, quanto mais praticar a comunicação autêntica).

> O fundamental é que, cada vez mais, você perceba uma escorregada e faça um esforço para mudar, o que só é possível quando se reconhece o desvio e atua sobre ele.

Vejamos algumas formas de realizar as mudanças.

MUDANÇA FÍSICA

Quando somos afetados emocionalmente, nossos corpos costumam dar sinais disso. Você pode suar, cruzar os braços, balançar a perna ou roer as unhas. Seja qual for o motivo, no momento em que seu interior estiver em perigo seu exterior dará evidências.

A boa notícia é que o contrário também é verdadeiro. Ao mudar fisicamente, você pode fazer com que o emocional também se altere. Então, da próxima vez que estiver preso em um estado de mau humor, tente transformar sua linguagem corporal. Descruze os braços, desanuvie a carranca de seu rosto e trate de eliminar o estresse, agitando o corpo. Você pode parecer meio louco para quem estiver passando a seu lado, mas, sem dúvida, o movimento físico terá claros reflexos sobre sua mente.

Para ajudar você a lembrar o que deve fazer quando suas emoções estiverem afloradas, procure fixar o aviso seguinte em algum lugar no seu ambiente de trabalho ou coloque-o na tela do computador:

> Mude sua inclinação!

- Todos nós encarnamos personagens durante a comunicação. Eles servem de ferramentas às nossas necessidades ocultas (valorização, aprovação etc.). Entretanto, se você for sincero em relação a essas necessidades, é bem provável que elas sejam atendidas e que você tenha um ambiente de trabalho muito mais feliz.
- Os personagens mais comuns são a vítima, o vilão e o herói. Todos contribuem para falhas de comunicação na empresa e podem levar à fofoca.
- Para começar a sair do personagem, simplesmente tome consciência dele e admita que está representando um papel e que isso impede você de se comunicar autenticamente.

Capítulo 4
TRATE DE SE "LIBERTAR"
Domine suas emoções no trabalho

> *A emoção é a fonte da consciência. Sem ela, não há mudança da escuridão para a luz ou da inércia para o movimento.*
> — Carl Gustav Jung

EXISTEM CINCO EMOÇÕES autênticas, de acordo com os Drs. Gay e Kathlyn Hendricks. São elas: o medo, a tristeza, a raiva, a alegria e a atração sexual. Todas as emoções que afloram dentro do ambiente de trabalho (e fora, também) são combinações das cinco. Por exemplo, a frustração que se sente quando a copiadora está com defeito, provavelmente, é uma mistura de raiva e medo (algo como: "O que vai acontecer caso eu não consiga imprimir esse relatório a tempo?"). A insatisfação no trabalho decorre de sentimentos de tristeza ("Por que meu patrão não me valoriza?") e raiva ("Por que tenho de desperdiçar minha vida em um emprego que detesto?").

Ao decifrar qual das cinco principais emoções está contribuindo para seu atual estado de espírito, você poderá entender melhor o que se passa. Troque o pensamento habitual: "Estou tendo um dia ruim porque este lugar é um pesadelo!" por "Estou triste porque minhas ideias foram rejeitadas na reunião". Essa conscientização ajuda você a entrar em contato com suas verdadeiras emoções e a descobrir o que pode fazer para melhorar sua situação.

Se você for capaz de identificar corretamente o que o faz considerar o ambiente de trabalho um pesadelo, em vez de amargar esse sentimento ao longo dos dias, será capaz de reformular sua perspectiva. Se souber que fica triste porque suas ideias não foram aceitas, então reformule-as e trate de se preparar melhor para a próxima reunião, tendo a precaução de compartilhá-las com seus colegas de trabalho e a chefia, ou apenas as descarte e, no encontro seguinte, ofereça algo novo e fresco.

Se tiver dificuldades para identificar suas emoções, sente-se e feche os olhos. Faça exercícios de respiração, inspirando e expirando profundamente, na tentativa de perceber em que local do corpo a emoção se localiza. Geralmente, a raiva provoca tensão nas costas, enquanto o medo tende a se concentrar no estômago, e a tristeza, muitas vezes, na garganta. Assim, encontre as áreas onde as emoções se aninham em você e reflita sobre o que se passa em seu interior. Procure a causa que conduz a cada emoção... é possível que se surpreenda com o que vai encontrar.

{
A CENA NA EMPRESA: Seguindo adiante
O LUGAR: Anders Consulting, Inc.
O PROBLEMA: Não alterar as emoções
AS PESSOAS: Jan (consultora), Dan (CEO), Tara (colega)

Jan está trabalhando na Anders Consulting, Inc. há cerca de um ano. Administra muitas contas e tem tido muito sucesso em suas responsabilidades. Apesar de tudo, simplesmente não consegue se livrar do rótulo de "nova garota". Os outros associados e executivos trabalham na empresa há muitos anos e, embora todos a tenham recebido bem, ela detesta se sentir como uma das novatas.

Por causa de suas inseguranças, Jan muitas vezes sai da linha ao impor-se para os outros e oferecer seus próprios palpites. Mesmo que saiba muito pouco sobre um assunto, às vezes ela altera o foco das reuniões da empresa, certificando-se de que todos ouçam o que tem a dizer sobre seus anos de experiência e sua visão a respeito de qualquer situação corrente. É desnecessário falar que, rapidamente, ela está se tornando a colega de trabalho menos preferida de todos. Quanto mais as pessoas se afastam dela e a evitam, mais seu comportamento arrogante se intensifica e mais ela se esforça para pertencer ao grupo e ser querida.

Depois de alguns meses desse círculo vicioso, Jan se convence de que todos no trabalho a odeiam. Às vezes, as pessoas não querem sequer fazer contato visual com Jan, quando ela está falando. A essa altura a maioria dos funcionários acha que a consultora é uma presença nociva para o escritório. Seu comportamento espalhafatoso e grandiloquente faz com que ela se torne o que mais temia: a marginalizada do escritório.

Ao observar o estrago na relação entre Jan e os outros empregados, Dan, o CEO da Anders Consulting, chama um mediador para ajudar as partes em conflito a chegar a uma trégua.

Na reunião, esse mediador sugere uma mudança ao pessoal: em vez de continuarem a presumir motivos e criar histórias negativas para cada comportamento, Jan e seus colegas devem conversar sobre seus problemas pessoalmente, cara a cara. Eles seguem o conselho, sentam-se em círculo e são encorajados a desabafar, abordando suas dificuldades. Embora nervoso no início, um dos colegas de Jan levanta a mão e fala diretamente a ela: "Eu detesto quando você se apropria do crédito de coisas que não fez. E também quando você fala de mim na reunião. E, acima de tudo, detesto que você sempre faça tudo para ser o centro das atenções". A princípio, Jan, ruborizada e prestes a chorar, com os olhos marejados, rejeita essas impressões: "Eu nunca faço isso! Nunca! Admito que falo demais, mas desde quando isso é crime?"

Outra colega, Tara, se manifesta. "Ninguém se incomoda que você fale demais. De fato, quando chegou aqui, era uma das coisas de que eu mais gostava em você. Mas, agora, tudo o que você faz é falar! Nunca ouve ou mantém um diálogo — simplesmente se coloca sob o refletor e lá permanece. Por quê?"

Jan desabafa. "Foi muito difícil para mim ser a única novata aqui. Eu só queria me enturmar. Mas vocês pareciam tão fechados... Metade do tempo eu sequer sabia sobre o que falavam. Tudo parecia girar em torno de piadas internas e referências a pessoas que eu não conhecia. Então, eu tentei participar do grupo, dando palpites sobre qualquer tema que vocês estavam discutindo. Acho que o tiro saiu pela culatra."

Tara parece sentir-se culpada e admite: "É verdade que não a recebemos da melhor maneira. Mas eu não tinha ideia de que seu comporta-

> mento se devia ao fato de querer se enturmar. Pensei que fosse por pensar que é superior a nós."
>
> Jan começa a chorar baixinho. "Não, de jeito nenhum! Como você pode pensar isso? Eu só queria me ajustar e pertencer ao grupo... não é o que todos almejamos?"
>
> Durante toda a tarde, Jan e os membros da equipe conversam, compartilhando suas impressões e começando a conhecer Jan, pela primeira vez. No final da reunião, muitos mal-entendidos ficam esclarecidos e todos passam a se conhecer de uma forma mais ampla, não apenas como colegas de trabalho. Embora desapegar-se de ideias consolidadas seja um processo difícil, todos concordam que vale a pena ter um ambiente de trabalho mais honesto e se comprometem a desenvolver a capacidade de se comunicar francamente.

DOMINE AS EMOÇÕES NO TRABALHO

O que acontece quando você é capaz de identificar corretamente essas emoções mas não consegue expressá-las adequadamente, como acontece em um ambiente de trabalho tenso? As pessoas ficam reféns da situação.

> **Todas as emoções trafegam pelo mesmo canal, então quando uma delas é impedida de vir à tona, as outras quatro ficam bloqueadas, também.**

Raiva, tristeza etc. ficam retidas, crescendo exponencialmente a cada dia que passa. Agora, imagine um ambiente de trabalho cheio de pessoas que negam suas emoções e sua própria humanidade, sentindo-se presas e infelizes, tudo em nome do profissionalismo. Não é de se admirar que tantas pessoas ficam deprimidas nas empresas!

Quando as pessoas passam por isso, suas emoções não podem permanecer retidas assim para sempre. No final das contas, elas têm de encontrar uma saída. As fugas mais comuns incluem a bebida, o uso de outras drogas, o exercício da violência, o impulso de sair às compras etc. Não admira que muitos motoristas se envolvam em brigas de trânsito ou que várias pessoas abusem do álcool em suas horas depois do trabalho. As emoções dessas pessoas estão apodrecendo em seu íntimo, fazendo com que se tornem indivíduos raivosos e assustados.

Quem quer trabalhar com alguém assim? Quem quer *ser* assim? Ninguém, com certeza. E, felizmente, você não tem de ser assim!

LIBERTE-SE

Aqui estão algumas excelentes maneiras de fazer com que você e seu ambiente profissional se libertem emocionalmente e voltem a gostar do trabalho novamente:

LIGUE O CRONÔMETRO!

Para "libertar-se", você precisa primeiro se conscientizar de que essas emoções não são eternas, embora com frequência pareçam intermináveis. Se você se dispuser a sentir uma emoção autêntica, ela se manifestará em seu interior em um lapso de vinte segundos, mais ou menos. Fala sério!

As emoções geralmente ficam se deteriorando por muito tempo porque as pessoas não admitem o que realmente estão sentindo. Elas até podem reconhecer o sentimento durante alguns segundos, mas procuram se fechar, negar e continuar seus afazeres. Diante de emoções como a tristeza, a raiva e o medo é mais fácil adiar o negativo, deixando para enfrentá-lo mais tarde. Mas é impossível obter qualquer coisa boa dessa atitude. No momento em que você decide encará-las, elas já se afastaram tanto do que as originou que se tornam praticamente incontroláveis.

Então, da próxima vez que você se sentir triste, com raiva etc., dê a si mesmo vinte segundos para sentir isso e depois siga em frente. É preciso praticar um pouco, no começo (afinal de contas, a maioria de nós está acostumada a "sentir" uma emoção de cada vez, ao longo de dias), mas logo você dominará a arte de ter emoções no trabalho.

ACEITE SUAS EMOÇÕES

Para dominar a arte da emoção autêntica, é necessário que você dê a si mesmo permissão para sentir o que quer que seja. A maioria de nós cresceu em uma sociedade na qual nos disseram que alguns sentimentos são "bons" (alegria, excitação etc.) e outros, "maus" (tristeza, medo etc.). O resultado disso é que grande parte de nós se sente desconfortável ao sentir as "más" emoções e passa boa parte do tempo correndo atrás daquelas "boas", de curta duração. Entretanto, não existe isso de "bom" ou "mau" quando se trata de emoção humana. Como é que uma emoção pode ser errada? Seria como dizer que o clima está errado. Pense em suas emoções da mesma forma — não é agradável sentir raiva ou tristeza, mas também não é errado. Se você está sentindo uma emoção, está sentindo. E isso é apenas um simples fato.

MOVIMENTE SUAS EMOÇÕES

Agora que você passou a aceitar como se sente, pode expressar isso. É possível fazer com que as emoções se movimentem em seu organismo, garantindo que não voltem a ficar presas. Se você está triste, chore. Se tem raiva, grite ou esmurre um travesseiro. Se o medo aparecer, trate de tremer por algum tempo e admita que está assustado. Para movimentar uma emoção, comece por reconhecer que ela existe e que você está sentindo isso. Em minha empresa, eu criei uma "estação de tacadas" com uma almofada redonda bem consistente e um taco de beisebol. Os empregados vão até lá para descontar a raiva, caso ela apareça ao longo do dia. Ao se permitirem tal sentimento eles podem expressá-lo, e são capazes de movimentá-lo, intimamente. Assim, libertam o que sentem e se tornam mais aptos a enxergar possíveis soluções e formas criativas de administrar o problema em curso. Isso não parece mais produtivo do que ficar inquieto o dia inteiro, fingindo que nada está aborrecendo você?

CHORE NA EMPRESA, CASO SEJA ACEITÁVEL

Chorar é uma boa forma de extravasar emoções reprimidas. Caso o choro não seja aceitável em seu local de trabalho, verta suas lágrimas na hora do almoço. É saudável movimentar regularmente suas emoções, mesmo que não estejam em ebulição naquele momento. Chorar de vez em quando limpa as teias de aranha da tristeza que você possa ter criado ao longo da semana.

ENTRE EM SINTONIA COM SEU CORPO

O corpo e a mente estão intimamente conectados. A medicina oriental notou isso há séculos, mas o mundo ocidental está apenas começando a entender o conceito da unicidade da mente e do corpo. Quando sua vida emocional está em perigo, seu corpo também sentirá os efeitos. É por isso que você pode ter dor de cabeça quando se sentir estressado; dor de estômago, se estiver nervoso; ou tonturas, se estiver sobrecarregado ou ansioso. Uma pesquisa demonstrou que o estresse pode tornar as pessoas mais suscetíveis a gripes e outras doenças, enquanto outros estudos vêm indicando que o pensamento positivo e a meditação podem ajudar a tratar e reduzir os efeitos negativos de doenças como o câncer.

Em resumo, quando o seu estado de espírito é saudável e equilibrado, seu corpo também pode estar são e bem balanceado, mas se a mente estiver bloqueada, o corpo apresentará os reflexos da angústia interior. Algumas das formas mais comuns de resposta corporal a emoções paralisadas são as dores nas costas e no estômago, além do baixo nível de energia.

Não é de se admirar que, frequentemente, os escritórios sejam paraísos de manifestações características de doenças, com gente se queixando de dor nas costas, problemas estomacais e bocejando! Isso mostra que nossas vidas emocionais não estão sendo bem cuidadas, e que nossos corpos estão sendo afetados. Felizmente, se os funcionários simplesmente liberarem suas emoções, vão notar melhoras — ou até o completo desaparecimento — nas dores das costas e do estômago, bem como na letargia. À medida que começar a gozar de um saudável estado mental, você vai se sentir melhor, dormirá bem e... trabalhará com satisfação!

TRATE DE SE OBSERVAR

Observe suas emoções, como se estivesse fora do seu corpo ou da sua mente. Você até pode iniciar um diálogo consigo mesmo enquanto as vivencia autenticamente. Isso permite que você as sinta, mas sem se transformar nelas. Tal conversa íntima poderia ser mais ou menos assim: "Noto que estou triste. E me pergunto o que pode ter provocado isso. Sinto que meus olhos estão marejando e que vou chorar. E...? Agora está melhorando... percebo que a sensação se foi". Depois de absorver todas as técnicas oferecidas neste livro, você pode adquirir uma nova perspectiva, uma espécie de diálogo contínuo de percepção, exploração e admiração. Talvez você se torne uma espécie de narrador de sua própria vida. Fique tranquilo, isso não significa que você esteja louco! Pode ser uma conversa muito relaxante e reveladora. Uma segunda maneira de pensar. Eu estou fazendo isso agora mesmo, enquanto escrevo.

ADMINISTRE EMOÇÕES SEXUAIS

Ao começar a aceitar a ideia de expressar emoções no ambiente de trabalho, você provavelmente vai se perguntar onde as de origem sexual podem se encaixar nesse paradigma. Afinal, não é isso que conduz a casos de assédio e problemas semelhantes?

Na verdade, não. Acredito que, se as pessoas se permitissem aceitar suas pulsões sexuais no local de trabalho, não precisariam incorrer em atitudes clandestinas e abjetas como o assédio. Nós temos contínua e instintivamente impulsos sexuais, então é impossível mantê-los desligados no horário das nove às seis da tarde, até porque o tiro pode sair pela culatra. Qual é a alternativa? Você pode notar a "sensualidade" de uma situação ou de uma pessoa e, sem revelar abertamente essa energia, ou apenas dizendo mentalmente um "nossa!", em sua mente. Quando aceitar que tais sentimentos existem e que não há nada de errado em tê-los, eles não ficarão presos em seu interior, apodrecendo na escuridão. Pense em quantos relacionamentos e reputações foram arruinados porque as pessoas não conseguiam aceitar que emoções sexuais fazem parte da natureza!

Contanto que você não leve a inclinação à prática nem se comporte de maneira inadequada, sentir atração sexual por um colega de trabalho ou funcionário não é um crime. Deixe que a sensação se movimente em seu íntimo (isso vai levar mais ou menos 20 segundos) e retorne a seus afazeres. O objeto de seu desejo nunca vai saber disso.

RECONHEÇA SEUS LIMITES

A maioria de nós não apenas foi levada a considerar algumas emoções como negativas e outras como positivas, mas também ensinada a cortá-las em determinado ponto. Em outras palavras, aprendemos a abafar nossos sentimentos, quando eles se tornam intensos. Isso vale até para quando se trata de alegria! Alguma vez você já ouviu alguém dizer que uma pessoa é feliz demais? Achamos que deve haver algo de errado em ser tão feliz. Ele seria, por acaso, um bêbado? E ela, será que é louca? Esse é nosso limite máximo se manifestando. Sempre que uma emoção se torna "intensa" demais e muito real, temos de interrompê-la.

É provável que você faça isso muito mais vezes do que é capaz de perceber. Já se pegou procurando por algo de que possa se queixar ou coisas capazes de lhe provocar estresse? Por exemplo, talvez você esteja em casa depois de um dia duro de trabalho, jantando com sua família. Tudo parece estar bem. Uma família adorável, uma bela casa, comida quentinha sobre a mesa... mesmo assim, muitos de nós somos incapazes de relaxar e aproveitar esse momento. Nossos limites máximos nos dizem que não podemos ser tão felizes e afortunados — então ficamos procurando por detalhes que nos irritam, como roupa suja, lições de casa dos filhos, um comentário sarcástico do chefe. Parece difícil de acreditar que alguma pessoa em sã consciência rejeitaria a felicidade, porém é o que muitos de nós fazemos todo santo dia. Sentir pura felicidade parece desconfortável, porque as pessoas costumam evoluir com um pouco de conflito. Queremos algo que nos exija muito trabalho, um objeto para consertar ou uma dificuldade a superar, para que possamos nos considerar pessoas de sucesso ou diante de um desafio. A felicidade é uma emoção tão íntegra e avassaladora que não sabemos muito bem o que fazer com ela. Então, a colocamos de lado. Em vez de criar esses limites, reconheça quando está restringindo suas emoções e, conscientemente, tente vivenciá-las, naquele momento. Quando reconhecer as limitações a que está se impondo e o nível em que as coloca, interiormente, você será capaz de administrar suas emoções de forma mais autêntica. Então, quando seus limites máximos se manifestarem, simplesmente tome conhecimento do que se trata e deixe-os fluir completamente.

RECONHEÇA O SEU PODER

Já discutimos aqui a importância de assumir seus 100%. Se você não está no domínio de 100% de cada situação, nunca será capaz de "liberar-se" de sua própria inclinação. Vai precisar de alguém para corrigir a situação antes de ser capaz de seguir adiante. Quando culpa outras pessoas pelo seu humor, você nega seu próprio poder para mudar ou melhorar. No entanto, quem, senão você, é responsável por seu humor? Pode até culpar seus colegas preguiçosos ou seu chefe grosseiro, mas no final das contas só você pode decidir se quer ser ou não um irritadiço poço de estresse ou um trabalhador produtivo e tranquilo. Assumir 100% da responsabilidade pode ser uma das coisas mais poderosas que você é capaz de fazer, pois, em síntese, implica assumir a responsabilidade por sua vida.

ALERTE

Se você perceber que alguém em seu escritório (ou em sua vida particular) está sendo refém de alguma encenação ou sentimento, comunique-se diretamente com essa pessoa e compartilhe com ela suas observações. Peça a seus colegas e amigos para fazer o mesmo por você. Isso é muito útil, porque até que você seja capaz de reconhecer as emoções autênticas e fazer com que elas se movimentem, pode não perceber o quanto está preso. As pessoas reconhecem muito mais as coisas nos outros do que em si mesmas. Ter alguém para lhe dizer que nas últimas três semanas você não para de se queixar por ter perdido uma promoção pode ajudá-lo a notar o quanto está preso a isso. E você pode retribuir o favor, quando houver uma oportunidade.

Use esta dica com certo cuidado. Ninguém gosta de um sabe-tudo dando palpites o tempo inteiro, apesar de que muito do que você observar provavelmente será verdade, sob o seu ponto de vista (consulte "Você procura, você acha", no Capítulo 10). E quando as pessoas que estão ao seu redor indicarem que você está refém de algo, leve em consideração o que está sendo dito e agradeça o aviso.

ATENTE PARA O RISCO

É fundamental que você se conheça tão bem a ponto de perceber quando está ficando preso. É importante que você reconheça quando e por que isso acontece, pois nessas circunstâncias você não se comunica de maneira autêntica. Uma vez ciente disso, você será capaz de atentar para o fato de estar refém, bem como de reagir positivamente aos que chamarem sua atenção para o fato. Uma forma de se ajudar a não ficar preso em seu ambiente de trabalho é ser sincero com seus colegas e não permitir que emoções negativas evoluam até um nível incontrolável. Se você se empenhar conscientemente em alcançar tudo isso, tanto para si como para seus relacionamentos com os colegas, estará em um excelente patamar para garantir que permanecerá tão liberado quanto for possível.

É importante, também, perceber a qual personagem você costuma recorrer com mais frequência. Está se comunicando de maneira autêntica com todos? Ou você está preso, pois tem se deixado levar por um personagem específico? Verifique, ainda, a linguagem que tem usado. Quando está trabalhando, fala com seus colegas e clientes de uma forma positiva, avançada? Caso contrário, isso é um forte sinal que indica a possibilidade de estar preso. Uma das coisas que o mantém liberto é pensar de uma maneira que o faça seguir adiante. Se estiver pensando negativamente, você estará às voltas com um tipo de pensamento que conduz apenas à imobilidade, porque impede a reflexão autêntica.

APROPRIE-SE DE SUAS EMOÇÕES

Tornar-se livre significa assumir a responsabilidade por sua vida emocional. Nela, você deve ser o condutor, não o passageiro. O fundamental a lembrar é que, basicamente, é você que dirige sua vida; embora pareça que os outros possam causar sua felicidade ou infelicidade, o poder de controlar — da melhor maneira — suas próprias emoções está inteiramente em suas mãos. Nossas emoções não foram feitas para nos chacoalhar de um lado para o outro, deixando-nos perdidos no meio de uma estrada. Elas existem para enriquecer nossa existência, instigar nossa criatividade e desenvolver nossa empatia. Sem as emoções nossas vidas seriam completamente destituídas de colorido, mas isso não significa que sejamos incapazes de definir a imagem a ser pintada, no final das contas.

É possível decidir que tipo de dia você terá no escritório e como será seu relacionamento com os colegas — tudo o que você tem a fazer é resolver se será senhor ou escravo de suas emoções.

- Quando você não se comunica autenticamente, as emoções ficam presas em seu interior. E quando está refém disso, também permanecem bloqueadas sua criatividade, sua felicidade e sua produtividade.
- Para se libertar, você precisa expressar suas emoções e seus pensamentos de forma verdadeira, com todos os que estão a seu redor.
- Você pode evitar o risco de ficar preso emocionalmente ao praticar regularmente a comunicação autêntica.

Capítulo 5
É UM PRESENTE
O papel do feedback *negativo*

> *Excelência é a capacidade ilimitada de aperfeiçoar a qualidade do que você tem a oferecer.*
>
> — Rick Pitino

COMO EU TENHO certeza de que você já viveu essa experiência, nada pode criar um mau dia como um feedback negativo de seu chefe ou dos colegas. Entretanto, um ambiente de trabalho onde não haja desafios não será muito produtivo. Na verdade, o feedback negativo é necessário para a criação de um ambiente profissional saudável e uma equipe de colaboradores empenhados. Você pode até dizer que o feedback negativo é um presente. Mas para assegurar que seja recebido como um presente, você tem de oferecer e receber essas dádivas de maneira apropriada.

A CENA NA EMPRESA: Oferecendo feedback negativo
O LUGAR: Carter e Rosen, escritório de advocacia
O PROBLEMA: Não saber como aceitar um feedback negativo
AS PESSOAS: Sarah (secretária executiva) e Heather (assistente administrativa)

Sarah trabalha na Carter e Rosen há mais de vinte anos. Ela começou como recepcionista e agora é a secretária executiva. Durante sua trajetória na Carter e Rosen, Sarah se empenhou bastante, dedicando-se totalmente à empresa. Ela sabia que, caso se colocasse à prova, e se seu comprometimento com a empresa fosse colocado até mesmo acima de sua vida pessoal, isso seria retribuído no longo prazo, pois certamente colheria os benefícios de sua lealdade e inabalável ética profissional. Por tudo isso, Sarah se orgulha de seu trabalho e de seu empenho, o que leva seus superiores a confiar a ela a importante tarefa de elaborar o relatório anual da empresa.

Com o prazo para a entrega do documento chegando ao fim, Sarah começa a perceber que, para finalizar a tarefa com sucesso, precisará contar com a ajuda de alguém. Depois de uma reunião, o chefe de Sarah indica uma nova assistente administrativa, Heather, para auxiliá-la. Sarah toma a iniciativa de passar as instruções à moça, apresentando-a a seus superiores e dando-lhe o máximo possível de informação sobre a Carter e Rosen.

A princípio, Heather parece confusa em relação ao trabalho que recebe de Sarah. Ela não tinha muita experiência na área e, sendo apenas uma assistente administrativa, dá a impressão de que levará muito tempo para absorver as indicações. Ela não gera material para o relatório no ritmo que Sarah espera e, depois de um lapso de tempo, Sarah suspeita que a moça não está fazendo nada do que lhe foi confiado. Para piorar as coisas, Heather também começa a se atrasar para as reuniões para discutir a tarefa, marcadas para o início da manhã.

A princípio, Sarah se sente insegura quanto a forma de lidar com a situação. Ela tenta manter o tom amigável, mas faz questão de mencionar, várias vezes, a Heather que os prazos e reuniões são extremamente importantes, na esperança de que a garota compreenda que precisa adequar suas rotinas de trabalho para que elas possam terminar o relatório a tempo.

Em seguida, Heather começa a faltar às reuniões dedicadas ao projeto, sempre dando uma desculpa para justificar sua ausência. Sarah começa a ficar com raiva de sua colega, além de frustrada com sua completa falta de interesse em terminar a tarefa. Sarah, que no começo da carreira foi assistente administrativa, pensa que teria ficado entusiasmada com a oportunidade de trabalhar em algo de tanto prestígio como esse relatório, mas Heather parece encarar suas responsabilidades com total descaso. Finalmente, em vez de explicar a Heather o que ela tem de fazer para melhorar seu desempenho, Sarah começa a pensar que seria bem mais fácil fazer tudo sozinha. Então ela passa a reduzir ao máximo a participação de Heather no projeto, assumindo tarefas que haviam sido atribuídas originalmente à sua auxiliar.

Mas, em seguida, o trabalho começa a se acumular de novo, e Sarah fica extremamente assustada. Ela perde o primeiro prazo para a apresentação do rascunho e pede um adiamento a seu chefe. Seus colegas percebem que ela está deixando de almoçar. Num dia em que Sarah chega atrasada na empresa, algo completamente incomum, que só se explica pelo fato de ela ter trabalhado até tarde na noite anterior, uma de suas companheiras resolve falar com ela.

"Acho que você conduziu a questão de um jeito inadequado", diz Maria, depois de ouvir a explicação de Sarah sobre a situação e as falhas de Heather como sua assistente. "Você por acaso sentou com ela e conversou a respeito dos problemas que tem enfrentado, e sobre a razão pela qual ela parece tão irresponsável?"

"Eu já disse a ela que nossas reuniões e prazos são vitais para terminar o relatório a tempo. Fora isso, não sei o que fazer. Antes de mais nada, não entendo por que ela não compreende a importância do projeto e não trata de fazer todo o possível para concluir suas tarefas na data certa." Sarah suspira, dominada por uma avassaladora sensação de impotência. "Não sou chefe dela! Quem sou eu para criticá-la, apontando seu desempenho horrível?"

"Veja bem... Heather é nova, aqui, e não tem muita experiência", explica Maria. "Talvez ela não tenha entendido inteiramente a função do relatório ou talvez não tenha uma clara noção de como o comportamento dela está afetando você e o projeto em si. Penso que qualquer feedback que você dê a ela será um presente, não uma crítica. A melhor coisa que você pode fazer por ela é ter paciência e continuar explicando as coisas, para ajudá-la a crescer como funcionária e pessoa."

A princípio, Sarah não se convence. Como ela poderia oferecer um "presente" a quem havia dificultado tanto seu trabalho? Se Heather não era capaz de dar conta da empreitada, por que Sarah deveria arriscar seu grande empenho e profunda dedicação apenas para ajudar a assistente a se inteirar dos detalhes da companhia?

Na manhã seguinte, Sarah checa seu computador e descobre que, mais uma vez, Heather conseguiu desorganizar os arquivos, acrescentando mais uma hora à pesada carga da secretária executiva. Essa é a gota d'água, para Sarah, que segue em direção à mesa de Heather. "Desconfio que você não leva este projeto a sério como eu", desabafa. "Você está sempre perdendo os prazos e as reuniões importantes. Como se não bastasse, não para de atrapalhar o meu trabalho. Não consigo entender! Sei que você é nova na empresa, eu já me ofereci para lhe explicar as coisas, mas você sempre alega que não precisa de ajuda nenhuma. Por favor, me diga o que posso fazer para auxiliá-la a dar conta de suas tarefas de forma eficiente e fazer tudo no tempo certo."

Heather fica vermelha e imediatamente agitada, demonstrando sentir-se muito desconfortável. "Eu não sei, Sarah. Você diz que vai me ajudar, mas só depois que ficou frustrada com meu trabalho", justifica-se Heather. "Você nunca me deu uma chance de aprender. Sei que tem muita experiência neste campo, mas eu não! Preciso de orientação. Além disso, quando faço algo incorreto, seria bom saber onde eu errei, em vez de apenas ouvir gritos. Não posso acertar, no futuro, se ninguém me diz onde me enganei."

Sarah fica sem palavras. Ela sempre se considerou uma pessoa tranquila e receptiva. Como é que Heather foi capaz de entender tudo ao contrário? Ela deve estar enganada! Mas quando a frustração ameaça entrar em ebulição, ela percebe que as palavras de Maria fazem todo sentido. Em vez de entrar na defensiva, Sarah considera o feedback de Heather um presente, ao lhe oferecer uma imagem sincera de si mesma. Ela absorve a informação e a usa para se tornar uma pessoa melhor, como colega de trabalho, supervisora de projeto e, quem sabe um dia, chefe.

"Agradeço por ser honesta comigo", diz Sarah, com um sorriso no rosto. "Prometo que daqui para frente vou trabalhar com você, em vez de agir contra. Sinto muito, Heather. Não percebi que estava me comunicando tão mal e sendo uma supervisora frustrante. Realmente aprecio sua sinceridade e seu *feedback*, e acho que por causa desta conversa nós duas recebemos um presente de valor inestimável. Espero que você queira continuar trabalhando comigo."

> "Com certeza", Heather responde gentilmente. "Também agradeço por aceitar meu *feedback*, e eu realmente quero continuar a seu lado, aprendendo mais sobre o trabalho e como a Carter e Rosen funciona."
> "Excelente!", comemora Sarah, satisfeita por esclarecer o mal-entendido. "Vamos começar!"

OFEREÇA *FEEDBACK* NEGATIVO

É inevitável que, no ambiente de trabalho, haja situações em que você tenha de oferecer um *feedback* negativo. Se, em uma reunião, alguém apresenta uma ideia que você sabe ser equivocada, seria um desserviço à empresa e ao seu colega não avisar a ele que a sugestão seria desconsiderada. Entretanto, a maneira como você entrega a mensagem vai determinar se se trata de um presente ou de uma crítica.

> **Uma mensagem de feedback terá informação útil, produtiva, enquanto a crítica tem apenas um teor pejorativo. O feedback é um presente.**

Por exemplo, uma típica reação a uma ideia ruim apresentada em uma reunião pode ser a de desprezo ou uma declaração do tipo: "De jeito nenhum! Isso não vai funcionar. Você não se lembra da última vez em que tentou algo semelhante?". Nesse contexto, a pessoa que fez a sugestão fica sem nenhuma pista para melhorar o desempenho, no futuro, e também é provável que se sinta agredida e irritada, pela maneira como está sendo tratada.

O *feedback* negativo é um presente quando inclui uma informação como: "Essa ideia não leva em consideração o problema logístico que enfrentamos em outra oportunidade. Vamos concentrar nossos esforços em um plano de ação que não envolva esse fornecedor específico". Isso não só indicará o caminho certo para o diálogo, mas também contribuirá para que os empregados se sintam valorizados, mesmo quando suas ideias não são adequadas.

Um ambiente de trabalho em que os empregados não se sentem seguros ao cometer erros ou ao tentar algo novo é um lugar onde a criatividade e a engenhosidade não terão espaço para prosperar. A humilhação e a crítica são inúteis em uma empresa, mas o *feedback* honesto e bem dirigido é absolutamente indispensável. A seguir, alguns exemplos de *feedbacks* negativos como presente:

✓ Este projeto que você entregou tem muitos erros de gramática. (O empregado pode melhorar seu trabalho e, portanto, aprimorar-se, tornando-se mais qualificado.)

✓ Você chegou tarde cinco vezes, este mês. (O funcionário aprenderá a ser pontual e entenderá que empregadores não toleram atrasos.)

✓ O cliente está irritado porque você não cumpriu o prazo. (O colaborador perceberá que o cliente não está satisfeito com ele e que comprometer-se com as datas fixadas é importante.)

✓ Você não compartilha a carga de trabalho nos projetos. (O colega compreenderá que precisa rever suas habilidades de trabalho em equipe.)

A princípio, as pessoas às quais essas afirmações se dirigem podem ficar chocadas ou mesmo angustiadas. Ninguém gosta de ouvir que seu trabalho deixa a desejar. Mas, se o empregado aceitar a indicação de coração aberto, será capaz de melhorar, aperfeiçoando seu desempenho futuro.

Isso nos leva à parte mais difícil: a de aceitar o *feedback* negativo.

RECEBA *FEEDBACK* NEGATIVO

É muito fácil aceitar um *feedback* que reforça a nossa autoconsciência (em outras palavras, é bem agradável aceitar elogios). O mesmo não vale para a absorção do tipo de *feedback* que parece agredir ou diminuir nossa autoestima. Nós não queremos ouvir que nosso trabalho tem erros de ortografia, que não estamos contribuindo com a equipe ou que nossa sugestão para determinado projeto não é nova. Embora essas sejam afirmações sutis, parecem impregnadas de algo bem sinistro, como: você é uma pessoa descuidada, egoísta, sem criatividade, inútil para a sua equipe. Nossa! Não admira que as pessoas detestem receber *feedbacks* negativos, por menores que sejam, no escritório.

A maioria de nós jamais aprendeu a absorver corretamente o *feedback* negativo. Nós entendemos, de maneira errada, que qualquer coisa oposta ao *feedback* positivo significa que estamos sendo agredidos e denegridos. Construímos uma parede ao nosso redor para nos protegermos de qualquer negatividade, por recear que alguém dirá uma coisa terrível a nosso respeito. Por qual outra razão consideramos desagradável alguém sugerir que nosso trabalho ficaria melhor caso fosse ligeiramente aperfeiçoado?

> Aprender a aceitar o *feedback* negativo começa pela disposição de estarmos abertos à seguinte verdade: o mundo não é o inimigo.

Ao aceitar (mesmo sem muito entusiasmo) que todo mundo tem algo valioso a nos ensinar sobre quem somos, nós nos abrimos para um espaço de criatividade, crescimento e sucesso que nunca imaginamos ser possível. Isso significa aceitar o *feedback* negativo com a mente aberta e descobrir o que você deve fazer para melhorar seu desempenho.

Isso vai requerer alguma prática. Nossa reação natural e imediata sempre que alguém nos diminui é a defesa. Tratamos de replicar na mesma hora, fazendo tudo para não ter de assumir nem um pingo que seja de responsabilidade pela situação em curso. No entanto, tente respirar fundo e, por um momento, experimente observar a situação como se a estivesse vendo de fora, e então você poderá perceber que o que está sendo dito é algo que tem valor e pode ajudar você a crescer pessoal e profissionalmente.

Os momentos em que você tem mais a aprender são aqueles breves lapsos em que se esforça ao máximo para aceitar o *feedback* negativo ou mesmo abre mão, por alguns instantes, de suas defesas. Isso vale especialmente se alguém vem até você com raiva, para lhe dar um *feedback*.

> Toda vez que uma pessoa emite muita energia negativa a respeito de você ou de seu desempenho no trabalho é a hora em que há realmente muito o que aprender.

Se tiver provocado tamanha emoção negativa em alguém é porque algo está acontecendo, e você precisa encarar a questão de frente, em vez de evitá-la ou assumir uma atitude defensiva.

Isso não quer dizer que você não tenha o direito de se chatear diante de um *feedback* negativo. É perfeitamente natural que sinta tristeza, raiva ou quaisquer outras emoções do tipo, quando alguém lhe diz que seu desempenho exige reparos. Dê-se o direito de senti-las, mas não o de se transformar nelas. Caso contrário, vai estar tão ocupado em "ser" raiva ou tristeza que não terá energia emocional nem recursos para perceber onde você está e encontrar maneira de melhorar sua forma de trabalhar.

MOMENTOS DE INSPIRAÇÃO

Depois de muita prática de aceitação de *feedback* negativo, você pode até chegar a ter um "momento de inspiração". É quando você está tão aberto para o mundo que quase imediatamente percebe a verdade em uma pequena fração de *feedback* negativo. Pode até murmurar, involuntariamente, um "hummmmm!" quando toma consciência de que precisa se aperfeiçoar. Pensa algo como: "Nossa! Scott tem razão. Eu deixei o cliente esperar por mim durante uns trinta minutos. Realmente tenho de gerenciar melhor meu tempo". Ou: "Há um tremendo erro em meu relatório! Da próxima vez, vou checar duas vezes antes de enviar".

Uma tática útil que pode ajudar você a "pegar no tranco" ao se deparar com um *feedback* negativo implica num movimento corporal chamado "cavoucar". Levante os braços acima da cabeça, depois baixe-os à sua frente e traga-os em sua direção. Esse amplo movimento de "escavar" ajuda você a lembrar que precisa abrir-se para o mundo, não importa o que ele lhe ofereça, seja um *feedback* positivo ou negativo. Nem tudo o que você vai ouvir será útil ou honesto, mas se encarar o *feedback* abertamente, escutará verdades valiosas e capazes de promover uma grande reviravolta em sua carreira.

{
A CENA NA EMPRESA: A maneira errada de construir moral
O LUGAR: Imaging Consults, Inc.
O PROBLEMA: A crítica nunca funciona
AS PESSOAS: Kerri (presidente), Nicholas (CEO)

Kerri é presidente da Imaging Consults, Inc. Durante o ano passado, seu principal objetivo foi pressionar sua equipe à exaustão, para aumentar as vendas da empresa — as quais vinham caindo rapidamente —, mas tudo o que conseguiu foi resistência. Ao longo das reuniões, seus colaboradores permanecem apáticos, insubordinados e incapazes de tomar iniciativa. Parecem não ter interesse em nada: nem pelo problema, nem por suas responsabilidades individuais no aumento das vendas e muito menos pela liderança e determinação de Kerri. Por causa disso, os encontros frequentemente terminam com Kerri gritando com um deles ou com todos, para que melhorem os números de vendas e comecem a produzir. Geralmente ela sai intempestivamente, deixando seu pessoal desmotivado e frustrado.

Não obstante tal comportamento, toda segunda-feira Kerri chega ao escritório e constata que os números não se alteraram. Na verdade, a única coisa que muda em relação ao ano passado é o índice de satisfação dos empregados da Consults, um indicador que caiu mais ainda. Entre esta realidade e a falta de melhores indícios no departamento de vendas, Kerri sabe que é preciso fazer uma grande mudança. Depois de mais uma frustrante reunião sem lograr nenhum êxito, ela conversa com o CEO da empresa, Nicholas. Explica o problema e pergunta a ele o que acha que deve fazer.

"Você precisa fazer com que os números se elevem! É disso que se trata", ele resume, abruptamente. "Pare de superproteger os empregados. Nós confiamos a presidência da companhia a você para que liderasse os funcionários e criasse os resultados. Você disse que tinha capacidade para realizar a tarefa, mas agora parece que não. Talvez tenha sido um erro contratá-la. A Imaging Consults não evoluiu nada desde a sua chegada e estou farto de constatar essa falta de progresso ao consultar os relatórios semanais. Você é terrível nesse quesito."

Kerri sai do gabinete de Nicholas desalentada, desmoralizada e sem saber o que fazer, mas não fica surpresa com a reação dele. O CEO sempre agride as pessoas assim. Ele é conhecido por chamar os funcionários a seu gabinete para gritar com eles e acusá-los de incompetência sempre que algo não funciona exatamente da maneira que ele quer. Kerri nem mesmo sabe a razão de ter imaginado que Nicholas pudesse ajudar. Ele já havia vociferado inúmeras vezes com ela. Por que Nicholas não percebe que, quando alguém se aproxima dele com problemas ou à procura de um conselho, aquela raiva é inútil para ajudar a motivar? Se ele realmente quisesse orientar e supervisionar seus colaboradores, notaria que trabalhar junto com eles para encontrar uma solução é muito mais eficaz do que berrar e acusá-los de inúteis.

Subitamente, Kerri dá um gemido e inclina a cabeça. Ela percebe que, quando tenta motivar e incentivar os empregados a aumentar as vendas, ela tem agido da mesma forma que é tratada por Nicholas. Depois de refletir a respeito, ela conclui que obviamente seus números não vão subir mesmo — gritar com seus empregados, semana após semana, para que façam melhor seu trabalho é tão inócuo quanto a bronca desalentadora que acabou de levar de Nicholas. Ela decide que daqui para frente vai prestar mais atenção em suas críticas, tomando cuidado para ser menos ríspida — se não for algo útil, ela não vai dizer. E terá mais consideração ao dirigir-se a seus colaboradores, assegurando-se de se comunicar com, e não contra eles.

Na segunda-feira seguinte, quando ela leva à prática suas novas ideias, a reunião com sua equipe se desenrola de uma forma bem diferente e mais positiva. Quando eles falam, ela não derruba arbitrariamente as sugestões deles nem agride quem se aproxima dela para comentar erros cometidos. Ao discutir um problema com o pessoal, trata de oferecer reflexões orientadoras e soluções motivadoras. Se alguém admite ter perdido outra conta, ela pergunta o que aconteceu, em vez de ter uma reação explosiva. Depois que um dos funcionários explica a ela que foi porque o cliente havia encontrado uma empresa que cobrava mais barato, ela percebe que aquela perda não poderia ter sido evitada pelo rapaz. Quando ela se dispõe a refletir sobre isso — que nem toda perda de cliente se deve à falta de cuidado de um colaborador ou mesmo pouca consideração com seu emprego —, ela lembra a si mesma para não perder a estribeiras com ele. Ao contrário, comenta: "Muito bem, isso não é sua responsabilidade. Você não fixa o preço. Nada de ficar chorando sobre contas derramadas. Em vez disso, vamos nos concentrar em conseguir melhores contas, daqui para frente".

Quando a reunião termina, o clima na sala está totalmente distinto do habitual. Todo mundo fica imaginando por que Kerri está com tanto bom humor, mas acha que foi apenas um episódio isolado, sem esperar que aquele tipo de comportamento positivo se repita. Entretanto, como depois de um mês Kerri ainda mantém a mesma atitude, o ânimo do escritório começa a mudar. As pessoas deixam de tremer ao chegar para as reuniões semanais e alguns até passam a olhar para o futuro, dispostos a trabalhar como um time para criar novos negócios e apresentar ideias inovadoras a cada segunda-feira.

Três meses depois, a Imaging Consults já tem dez novas contas, um novo recorde, algo jamais visto antes na empresa. Quando Nicholas lhe pergunta como ela conseguiu isso, Kerri responde, sorrindo: "Depois de aturar seus gritos muitas vezes, eu percebi como me sentia mal — da mesma forma como minha equipe se sentia, quando eu fazia a mesma coisa. Então, decidi só oferecer um *feedback* negativo se soubesse que, de alguma forma, seria construtivo, para não ficar constantemente repreendendo meus colaboradores".

Nicholas absorve a dica e logo começa a ajustar sua abordagem para *feedbacks*. Não demora muito para que a companhia inteira esteja comprometida com uma forma ética de trabalhar, e para que todos se sintam motivados a torná-la melhor ainda.

- Há uma forma certa e uma forma errada de oferecer um *feedback* negativo. Quando ele é dado do jeito errado, os empregados ou colegas não têm como alterar seu comportamento. Quando apresentado da maneira correta, eles compreendem e sabem o que precisa ser mudado.
- O *feedback* negativo ajuda as pessoas a crescer e melhorar. Quando alguém oferecer um *feedback* negativo a você, considere isso um presente e use a seu favor.

Capítulo 6
LUCRE PELA VALORIZAÇÃO

O papel do feedback *positivo*

> *Pela valorização, nós nos apropriamos da excelência alheia.*
> — Voltaire

O FEEDBACK POSITIVO é mais crucial ainda do que o *feedback* negativo, no ambiente de trabalho. Enquanto o negativo tem o poder de auxiliar os empregados a crescer e melhorar seu desempenho, o positivo ajuda as pessoas a permanecer motivadas e inspiradas.

Muitas empresas percebem a importância da valorização, mas seus esforços para elogiar e manifestar apreço por suas equipes geralmente vêm na forma de bônus de Natal, sextas-feiras casuais, escritórios estilosos e coisas do gênero. No entanto, recompensas impessoais e em larga escala não valem tanto para a companhia, no que se refere a fazer com que os integrantes de seu quadro funcional se sintam valorizados como indivíduos e membros de equipes talentosas.

Isso logo se torna uma parte previsível do pacote de remuneração do empregado.

A única forma verdadeira de mostrar apreço por seus funcionários ou colegas é oferecer o *feedback* positivo.

{ **A CENA NA EMPRESA:** Um conto e duas apreciações
O LUGAR: Scion, Inc.
O PROBLEMA: Não valorizar seus colegas
AS PESSOAS: Claire (assessora de imprensa), Brenda (assessora de imprensa)

Claire e Brenda são assessoras de imprensa na Scion, Inc., uma empresa de relações públicas, e atendem a conta de um famoso cirurgião plástico. Há seis meses trabalham juntas para o maior e mais conhecido cliente da empresa. Ao longo de todo o semestre dedicaram-se incansavelmente para assegurar que ele fosse um grande sucesso na mídia, e foram muito bem-sucedidas ao conseguir atenção de âmbito nacional tanto para seu cliente como para a Scion, Inc. O cirurgião não poderia estar mais feliz com a excelente exposição obtida, e o chefe delas, Jake, ficou muito entusiasmado com o resultado do empenho da dupla. Entretanto, apesar de tanto êxito devido a tamanha dedicação, Claire e Brenda estão sempre em conflito.

A especialidade de Claire é conseguir espaço na mídia escrita, não na televisão ou no rádio. Tem sido muito competente ao conseguir inúmeras menções em jornais e revistas. Mesmo assim, sente-se frustrada porque acha que Brenda ofusca seu desempenho, por vangloriar-se ostensiva e agressivamente de suas conquistas de espaço na televisão. Embora saiba que a presença do cliente no ar impressiona mais do que as matérias jornalísticas, Claire sabe que o material impresso também é crucial para o sucesso dele. Afinal de contas, a recepção do consultório do cirurgião está decorada com muitas matérias jornalísticas em veículos de primeira linha. Mas, não obstante a parceria, Brenda sempre reivindica o crédito pelo êxito, frisando que a repercussão se deve à participação em programas de grande audiência.

Passadas semanas de frieza e argumentações mesquinhas, a paciência de Claire está por um fio. Ela deseja que Brenda a valorize e reconheça a importância de suas contribuições na parceria. Sem saber qual a abordagem mais adequada para enfrentar uma situação delicada como essa, Claire se recolhe para analisar realmente os acontecimentos dos últimos meses para que possa esclarecer a Brenda, clara e honestamente, por que ela se sente tão menosprezada. Quando reflete sobre a forma como ambas interagiram no semestre, ela chega a uma conclusão desconfortável. Ali está ela, lamentando o fato de que Brenda não tem manifestado seu apreço, enquanto ela mesma nem sequer tentou valorizar o trabalho duro da colega e a energia que a parceira tem dedicado à conta. Nota que se esforçou tanto para ganhar elogios por seu próprio desempenho na mídia escrita que não se preocupou em observar e reconhecer o empenho de Brenda. Na verdade, quanto mais Brenda consegue espaços para o cliente na televisão, mais fácil se torna para Claire colocá-lo nos jornais e revistas.

Claire conclui que a tarefa de ambas poderia ser facilitada se elas parassem de brigar e aprendessem a ser mais justas, reconhecendo suas contribuições mútuas. E elabora uma planilha com todos os espaços que o cliente recebeu na mídia, nos últimos seis meses, com especial ênfase nas grandes conquistas de Brenda na televisão. Ela até acrescenta um memorando ao documento, aplaudindo o desempenho da colega.

Quando Brenda se dá conta da iniciativa de Claire, fica chocada com tanta gentileza. Notar o esforço da parceira ao reconhecer sua contribuição faz Brenda conscientizar-se de que não tem demonstrado, de maneira alguma, sua admiração pelo esforço de Claire. Em resumo, qualquer espaço que elas consigam na mídia é ótimo para elas e para a empresa na qual trabalham, independentemente do veículo. Ao perceber como Brenda e Claire corrigem a situação, Jake fica muito impressionado com a maturidade e com o profissionalismo de ambas. Tão impressionado que lhes concede um aumento salarial... e outro cliente para sacramentar a parceria!

COMO DAR UM *FEEDBACK* POSITIVO

Eu notei, pela primeira vez, a importância da valorização quando minha orientadora pessoal me explicou o seguinte conceito:

> **A melhor maneira de obter o reconhecimento de alguém é oferecê-lo.**

Sua abordagem quanto à reciprocidade da valorização fez todo o sentido para mim, e eu decidi me empenhar conscientemente para instituir isso com meus próprios empregados.

Testemunhei a importância da valorização individual e específica quando comecei a aprovar relatórios que minha equipe escreve para seus clientes. (Na EPR, informamos a eles sobre a exposição semanal, então a cada sete dias eu recebo um lote de breves, criativas e charmosas mensagens, para aprovar antes de serem enviadas.) Quando respondia aos colaboradores, caso aprovasse o que sugeriam, dizia: "Bom trabalho", "Adorei!" ou "Sim" (esta última alternativa era a menos enfática). Com o tempo, percebi que ao receber um "Adorei!" em vez de um par de "sim", o empregado melhorava o desempenho na semana seguinte. A razão? Não porque haja algo negativo na resposta "pode enviar", mas porque as pessoas anseiam pela valorização de seu trabalho. E não algo insípido e genérico — elas esperam um elogio entusiasmado, com emoção e individual, como a resposta "adorei!".

O estímulo que um empregado recebe de uma resposta como essa gera uma reação positiva que compete até com um aumento salarial. (As pessoas sempre gostam de mais dinheiro, mas isso não significa que o elogio e a valorização estejam fora de moda.)

Depois de descobrir como meus e-mails de valorização do trabalho eram úteis, percebi estar diante de uma mina de ouro de oportunidades. Se eu valorizasse meus empregados todos os dias e se conseguisse fazer com que eles elogiassem uns aos outros, eu teria um ambiente de trabalho repleto de criatividade e inspiração.

Mas como eu poderia implementar os elogios de uma maneira que soasse vívida e válida? Decidi começar cada reunião matinal com um "lançamento de valorização", durante o qual eu e meus colaboradores jogássemos um saquinho de grãos em alguém presente na sala. A cada movimento, a pessoa que estivesse com o objeto a ser jogado deveria elogiar a outra a quem direcionasse o saquinho. Assim que começamos a fazer a coisa, meu pessoal facilmente pegou o jeito, compartilhando observações como:

- Gosto do jeito como você sempre me faz rir, mesmo quando estou muito estressado.
- Gosto do jeito como você é sempre tão prestativo em projetos.
- Gosto de sua atitude positiva.

Independentemente de como são os elogios, grandes ou pequenos, bem-humorados ou sérios, lançar o saquinho de grãos é altamente benéfico. A única condição é oferecer o elogio mais específico e individual possível. Ninguém vai mentir e todos começam a se sentir mais dispostos à generosidade e cooperação uns com os outros durante o horário de trabalho.

Um clima de valorização não apenas faz com que todos se sintam apreciados e integrados à equipe, como também os ensina a respeitar e admirar seus colegas, incentivando o compartilhamento.

> A camaradagem não pode ser forçada por meio de treinamentos corporativos ou exercícios de "confiança", mas pode ser criada organicamente pela admiração e pelo respeito mútuos.

Compartilhar elogios também pode ajudar as pessoas a melhorar a convivência com colegas com os quais não tiveram oportunidade de se aproximar. Uma boa prática para implementar isso no escritório é encorajar os empregados a procurar três coisas que apreciem em alguém da empresa com quem nunca tenham tido nenhuma relação. Não necessariamente têm de compartilhar essas observações com a pessoa (a menos que desejem fazê-lo). Apenas pensar nessas três qualidades já é suficiente para ampliar suas perspectivas e incentivá-los a ter o hábito de ver os colegas sob uma luz positiva, mesmo quando não têm de conviver com eles. Em vez de ver apenas o que é negativo nos outros (por exemplo, *ela não compartilha seu trabalho* ou *ele é sedento por atenção*), eles forçam suas mentes a criar um novo discurso mental, a partir de pensamentos como *ela tem um bom senso de humor* ou *ele realmente é ótimo na elaboração de planilhas*. Essas afirmações positivas talvez não tenham o poder de eliminar totalmente as preocupações deles, mas ajudarão a perceber que os colegas não são basicamente maus.

AMIZADE NO AMBIENTE DE TRABALHO

Amizades verdadeiras e gratificantes são uma raridade no mercado de trabalho. Muitas vezes, colegas de trabalho competem por aumentos e promoções e, depois de passar meses tendo de se suportar dia após dia, começam a perder a paciência uns com os outros. Por exemplo, há quem não suporte a maneira como o sujeito que trabalha a seu lado masca o chiclete, ou quem abomine a atitude da criatura que acaba com o último gole de café e não se dispõe a preparar mais, ou ainda quem odeie o aplicativo de som usado por seu colega. Embora tais aborrecimentos sejam insignificantes, muitas vezes podem se transformar em tremendas tempestades na confinada e tensa atmosfera dos ambientes corporativos.

Mas e se toda essa gente, incluindo *você*, fosse capaz de ver as pessoas com quem trabalha como amigos? Como indivíduos com quem celebrar vitórias, chorar tristezas e trabalhar alegremente? Parece bom demais para ser verdade, certo?

A resposta é "não", se você criar um ambiente de valorização e respeito mútuo em sua empresa. Empenhar-se na busca por elogios ou pelo próximo bônus leva os colegas a olharem uns para os outros como obstáculos, em vez de seres solidários. Compartilhar elogios e aprender a se ver como integrantes de uma equipe são atitudes que geram confiança, admiração e até mesmo amizade.

A despeito do que prega o discurso corporativo tradicional, há, sim, espaço para a amizade e os relacionamentos pessoais apropriados, no local de trabalho. Juntamente com um ambiente solidário, as amizades contribuem para a saúde mental e física de cada empregado, o que reduz os acidentes e a depressão, além de ampliar o coleguismo e promover a lealdade. Quando os funcionários sabem que vão trabalhar cada santo dia em um lugar onde são respeitados, queridos e amparados, eles têm uma experiência totalmente distinta daqueles que estão em uma empresa onde os colegas são agressivos, ásperos ou arrogantes. Essa diferença fica evidente no trabalho que realizam e na quantidade de tempo que permanecem na companhia.

EVITE A PRESUNÇÃO

A presunção é uma máscara para a raiva e sempre é imposta por um personagem. A maioria de nós assume o personagem que se sente irritado ou ferido quando o mundo não é "justo" ou "favorável" conosco. Geralmente, esse é um espaço emocional em que muitas pessoas ficam presas. Alterar a presunção por apreciação implica numa reviravolta emocional, porque ambas são diametralmente opostas.

A presunção é um problema recorrente em corporações, principalmente porque certas pessoas acham que lhes são "devidas" certas recompensas. Por exemplo, imagine um evento empresarial que implique viagem e estadia em um hotel. Mesmo que a hospedagem seja decente, os empregados encontram muitas razões para reclamar. Um não gosta das opções disponíveis no frigobar, outro desaprova o adoçante das máquinas de café e outro se queixa de que a chamada de despertar demora. Embora sejam problemas insignificantes, os funcionários ficam insistindo nisso e só conseguem prestar atenção no que está errado durante sua estadia, esquecendo de agradecer a seu empregador por lhes oferecer um jantar agradável.

Uma forma de alterar o foco desse grupo de empregados presunçosos e queixosos é organizar uma reunião matinal de valorização. As ideias são trocadas, os elogios começam a surgir e as pessoas ficarão surpresas ao notar todas as pequenas e agradáveis coisas que não perceberam antes, como as balas sobre a mesa ou os bolinhos de canela na sala de conferências.

Da próxima vez que você sentir irritação ou tristeza, pergunte se essa emoção resulta da presunção de um personagem. Por exemplo, você está realmente com muita raiva por ter de trabalhar até tarde ou porque acha que trabalhar até tarde "não é justo"? Procure por esses pequenos momentos de presunção à medida que surjam em sua vida e trate de superá-los procurando substituir as queixas por apreciações.

MAIS VALIOSAS QUE DINHEIRO

Apreciações, e a energia positiva que brota delas, são mais valiosas que dinheiro. Para o empregador, qualquer coisa que mantenha os funcionários felizes, saudáveis e que os faça vir ao trabalho todos os dias com uma atitude positiva significa mais do que qualquer outra coisa. Para o empregado, saber que trabalha em um lugar onde as apreciações e as amizades são abundantes é mais poderoso e interessante do que a existência de bônus de Natal e aumentos salariais de fim de ano.

Empregadores e empregados não são as únicas pessoas que se beneficiam de um ambiente de trabalho gratificante. Valorizações também podem se estender para seus negócios com os clientes. Em minha empresa, regularmente enviamos aos clientes mensagens de apreciação — são cerca de quatro ao ano. Essas cartas, aliadas à nossa rotina positiva de comunicação semanal, fazem com que eles se sintam compreendidos, valorizados e integrados à nossa empresa. Também usamos correspondência semelhante para promover nossas oportunidades de negócio, enviando comunicados ou e-mails personalizados e significativos para potenciais clientes.

As apreciações dos clientes também ocorrem nos bastidores, quando eles nem estão ali para ouvir as boas coisas que dizemos a seu respeito. Sempre que dirijo uma reunião de equipe e estamos falando sobre nossos clientes, eu peço aos executivos das contas que, antes de mais nada, compartilhem um elogio sobre aqueles que estão sob sua responsabilidade, para só depois tratar de estratégias. Acho que isso incentiva a criatividade e a inspiração, além de afastar qualquer estresse ou negatividade que cada um dos diretores possa sentir em relação a seu cliente. Afinal de contas, se não gostamos de nossos clientes, não podemos esperar que o resto do mundo goste!

- O *feedback* positivo encoraja o crescimento, a produtividade e a existência de um ambiente de trabalho saudável e feliz.
- Se você deseja receber um *feedback* positivo, tem de oferecê-lo. Muitas vezes, a razão de nos sentirmos desvalorizados é justamente não estarmos oferecendo para outras pessoas o *feedback* positivo que desesperadamente ansiamos.
- Consolide o *feedback* positivo em sua empresa criando um momento de lançar apreciações, antes de reuniões ou durante o almoço.
- Faça com que se torne uma regra que cada exigência ou queixa seja precedida ou seguida de algum tipo de apreciação, para evitar que o ambiente se torne negativo.

Capítulo 7

FALE SEM DAR MARGEM A DISCUSSÃO

Evite mal-entendidos

> *O maior problema da comunicação é a ilusão de que ela realmente aconteceu.*
> — George Bernard Shaw

A MAIORIA DE nós evita explicitar, às pessoas com as quais convivemos, o que realmente pensamos e sentimos. Quando estamos nos comunicando com alguém, tratamos de fazer uma espécie de edição mental, antes de cada fala. Algumas questões que passam pela nossa cabeça: "Ele vai se ofender, se eu disser isso?"; "Não quero que pensem que estou sendo levado pela emoção"; "Não vou dizer isso dessa maneira, porque vão achar que sou rude" etc. É muito raro as pessoas compartilharem entre si o que real e honestamente sentem. Essa atitude reticente costuma ser atribuída à noção de "boas maneiras". Afinal de contas, ninguém quer dar um espetáculo, ofender ou ferir alguém. Então, tratamos de nos ajustar aos parâmetros da gentileza, dizendo apenas o que temos certeza de que não agredirá ninguém.

Isso é especialmente comum na vida empresarial, onde a interação social e comunicativa acontece de maneira extremamente formal. Mantemos clientes e colegas a uma distância segura, evitando mostrar quem de fato somos.

Tudo parece antiético, uma vez que esse estilo frio e distante não é uma tendência natural nas relações humanas. Estas costumam ser marcadas pelo desejo de se comunicar, de compartilhar, de se abrir. Estamos cercados de pessoas que têm interesses parecidos, o que estimula o debate e a partilha de opiniões e pensamentos. Embora você não possa se preocupar com *todos* os que trabalham em sua empresa, obviamente divide aspectos comuns com quem trabalha, caso contrário vocês não teriam optado pela mesma área de atuação.

Parece absurdo, portanto, limitar a comunicação autêntica com seus colegas, em especial ao levar em conta a quantidade de tempo que a maioria das pessoas passa no trabalho. Não admira que tanta gente faça papel de bobo embebedando-se em festinhas de Natal realizadas nas empresas! Depois de passar o ano inteiro encerrados em personagens frios e distantes, escondendo suas verdadeiras personalidades daqueles com quem convivem, as pessoas aproveitam a oportunidade para se soltar, mostrando quem realmente são. É uma pena que esse tipo de interação divertida e entusiasmada só aconteça uma vez por ano e dependa de bebidas alcoólicas para deslanchar.

Será que é possível ser quem realmente somos no ambiente corporativo de forma autêntica? Será que podemos abordar determinados problemas, em vez de ter um comportamento impessoal e reservado? Será que podemos dizer às pessoas que elas ferem nossos sentimentos ou nos irritam sem temer repercussões? Sim, podemos...e o caminho é: procurando "completar-se" mutuamente, criando um ambiente de comunicação aberta e honesta.

{
A CENA NA EMPRESA: O time "perfeito"
O LUGAR: Computer Den, empresa de computadores
O PROBLEMA: Fazendo rodeios
AS PESSOAS: Mark (vendedor), Linda (supervisora), Kara (vendedora)

Mark é vendedor da Computer Den. Muito talentoso no trabalho, ele adora trazer contas novas para a empresa. Sua supervisora, Linda, recentemente decidiu que ele deveria ser parceiro de Kara, uma vendedora com quem ele não se dá bem. A cupla vive às turras por qualquer coisa, desde a divisão de tarefas até a escolha de um restaurante para almoçar. A situação degringola a ponto de beirar a ruptura, e os dois acabam brigando na frente de um possível cliente. É quando Linda decide que é hora de intervir.

Linda chama Mark e Kara para uma conversa, para tentar descobrir a origem das dificuldades deles. Quando pressionada, Kara admite que considera alguns hábitos de Mark muito frustrantes e, às vezes, até mesmo irritantes. Como exemplo, cita odiar o fato de ele procrastinar e não agir profissionalmente em reuniões. "Como assim?", questiona Mark, um tanto confuso. Kara menciona, para ilustrar, algumas vezes em que Mark se comportou aberta e amigavelmente demais — ao menos em sua opinião — com os clientes.

"Você está certa, mas só em sua opinião", retruca Mark. "Eu penso que meus clientes gostam de ser tratados como amigos. Certamente eles não gostam da forma distante e fria com que você se relaciona com eles." Mark segue adiante. "Quanto à minha 'procrastinação', acho que chamo isso de vida social. Sim, eu não fico na empresa quase todos os dias até as vinte horas. Mas é porque tenho coisas a fazer. Se você não tem, o problema é seu. E quer saber mais? Estou farto de receber telefonemas seus tarde da noite e de manhã cedo, como se fossem chamadas de despertador. Deixe-me em paz depois que saio do escritório — não suporto mais que fique atrapalhado meu tempo livre com essa atitude desagradável."

"Ah... agora ligar para você é uma atitude desagradável?", desdenha Kara. "Você é o idiota que larga todo trabalho na minha mão. O que quer que eu faça? Que eu agradeça por isso?"

"Parem!", explode Linda. "Basta! Vocês se lembram quando, no último verão, participamos de um encontro de construção de equipes e aprendemos a falar de maneira a não dar margem a dúvidas? A expressar um pensamento, uma sensação física, ou mesmo referir-se a simples fatos? Vamos tentar fazer isso agora mesmo. Chega de insultos e rodeios."

"Muito bem", diz Kara. "Mark, quando você deixa trabalho incompleto, eu me sinto mal se não terminar por você. Não gosto de ir embora sem concluir nossas tarefas."

"Compreendo", retruca Mark. "Mas acredito que mereço manter o equilíbrio entre minha vida pessoal e profissional. Fico até mais tarde, algumas noites, mas não me disponho a fazer isso sempre. Faço minha parte do trabalho, mas não em um ritmo vertiginoso."

"E o que me diz quanto à conta Tinley?", Kara questiona. "Naquela situação, você saiu cedo e eu tive de cobri-lo. Gostaria de ter ido embora na hora certa, também, mas tive de garantir que o cliente recebesse os produtos prometidos", esclarece Kara, citando um fato.

Depois de ficar quieto por um instante, Mark balança a cabeça e admite: "É verdade. Eu deixei você na mão, daquela vez. Mas foi há meses. Desde aquele episódio, acho que tenho sido um bom parceiro. Apenas quero que você entenda que quando me chama tarde da noite, para falar de trabalho, eu fico estressado e com raiva. Pretendo aproveitar meu tempo livre e não consigo, se você me liga e pressiona às nove da noite".

Kara aceita a observação. "Posso concordar em não ligar tarde da noite se você garantir que vamos repassar nossos prazos semanalmente. Em ocasiões especiais, eu me disponho a cobrir você, mas quero que faça o mesmo por mim. Dentro de duas semanas, tenho de ir a um casamento e gostaria de ter certeza de que você não deixará trabalho incompleto."

"Aceito", diz Mark. "E divirta-se, no casamento. Não se preocupe com nada."

"Será que conseguiremos ter a equipe perfeita, afinal de contas?", graceja Kara.

O PODER DE COMPLETAR-SE

O que significa "completar-se" com alguém?

Completar-se é quando você compartilha seus pensamentos não expressos e verbaliza histórias e crenças que mantém ocultas em sua mente.

Quando não compartilha o que considera ser verdade, você não é autêntico. Apenas projeta, no ambiente de trabalho, uma história falsa ou incompleta. Então, quando se comunica verdadeiramente e compartilha emoções escondidas, você "completa" o ciclo de comunicação. Por exemplo, se quiser completar-se com seu colega, sinalizando que sua ética profissional deixa a desejar, você pode dizer: "Christine, é muito divertido trabalhar com você, mas acho que ultimamente não está fazendo a sua parte". Talvez você descubra que Christine não tem sido preguiçosa, mas que ela está com problemas de saúde e que o patrão foi informado... Então, em vez de permanecer irritado com ela semana após semana, você nota que ela precisa de compreensão e compaixão.

Essa comunicação franca e direta soa contraproducente para um ambiente corporativo saudável, afinal, quem quer ouvir que não está dando conta do recado? Mas o certo é que a honestidade é imprescindível para a comunicação correta. De fato, quando o clima na empresa é de boa qualidade, as pessoas se completam o tempo todo!

É isso mesmo. A melhor maneira de criar um ambiente de trabalho saudável e harmonioso é completar-se com seus colegas consistentemente. É a única forma de acabar com a tensão e os ressentimentos não expressos que podem nos fazer regredir e que sufocam nossa alegria e criatividade. Quanto mais você se completa com as pessoas que integram sua vida, menos ansiedade e angústia sentirá.

Uma das consequências mais perigosas de não completar-se com alguém é o ressentimento que se acumula quando nossas emoções em relação a alguma coisa não são compartilhadas. Algo tão simples como o incômodo que você sente quando seu colega de trabalho masca chiclete pode se expandir ao longo do tempo até que sua raiva extrapole, indo muito além do que a desencadeou. É fácil guardar ressentimento e isso pode nos consumir, a menos que seja observado e liberado assim que comece.

Quando se completa com seus colegas sobre manias e hábitos que aborrecem você, seu estado de espírito e suas emoções serão saneados, e você estará pronto para receber energia positiva. E, ao cortar imediatamente certas coisas pela raiz, você pode evitar que "grandes" complementações sejam necessárias. Em vez disso, dividirá as pequenas e menos poderosas, para não permitir que emoções nefastas se aninhem em seu interior.

Entretanto, as pessoas não dividem só emoções negativas.

> **É mais importante compartilhar emoções positivas do que negativas.**

Apreciações não expressas podem se acumular e acabar levando a pessoa que silencia a sentir arrependimento, da mesma forma que alguém se sente culpado por não ter dito "amo você" a um ente querido que acaba de morrer. Com certeza, a pessoa sabia que era amada, mas ouvir e dizer tais palavras são atitudes que compõem a beleza do ser humano. Além disso, qual é a melhor maneira de ampliar a comunicação saudável e autêntica na empresa senão completar-se positivamente com os seus colegas?

Muitas pessoas nutrem bons sentimentos em relação a outras, sem jamais verbalizá-los. Talvez você realmente goste de trabalhar com um de seus companheiros porque se trata de um solidário integrante da equipe, ou perceba, com satisfação, que um de seus empregados sempre está com um sorriso no rosto e tem uma atitude positiva. Mesmo que seja algo tão simples, como o fato de apreciar o gosto de seus funcionários para se vestir ou a agradável conversa que acontece durante um almoço comum, ao compartilhar essas emoções positivas, em vez de ocultá-las, você estimula a criação de um ambiente interno muito melhor e informa a seus colegas o quanto você os valoriza como indivíduos e colegas de trabalho. Afinal de contas, quem não gosta de receber elogios inesperados ao longo do dia?

> **Os melhores elogios são aqueles que não foram solicitados, mas sim oferecidos espontaneamente. Elogios verdadeiramente autênticos.**

Apreciar qualidades de um colega em silêncio não é tão valioso como partilhar em voz alta, com ele, o que achamos. Como já existe negatividade demais no mundo e no ambiente de trabalho, qualquer demonstração de valorização, por menor que seja, pode modificar inteiramente a perspectiva de uma pessoa. No entanto, muita gente ainda deixa de dizer aos seus colegas palavras simples, porém comoventes e poderosas.

Por quê? Quem tem medo de falar o que realmente pensa e não o faz, pode dar a impressão de ser rude, introspectivo, sem disposição de se socializar e se comunicar. Mas, com muito mais frequência do que se pode imaginar, não se trata disso. Ao compartilhar o que sente e abrir-se ao máximo, você vai perceber que realmente não há nada a perder com isso. Você não pode se relacionar estreitamente com a maioria de seus colegas, isso é um fato. E, mesmo que o ambiente de trabalho seja o lugar onde você passa a maior parte do tempo, é impraticável considerar todos como amigos. Mas uma boa parcela de nossas vidas é feita e depende de conexões. Seja em família, no trabalho ou na vizinhança, se relacionar bem com aqueles que nos cercam é fundamental. Então por que as pessoas insistem em silenciar os poderosos e impactantes pensamentos que passam por suas mentes, e que podem fazer toda a diferença no dia a dia? Talvez você tenha aprendido com sua família a esconder e jamais compartilhar as emoções, ou quem sabe estranhe ou não veja serventia nenhuma em expressar seu apreço pelas pessoas que fazem parte de sua vida, especialmente aquelas com quem trabalha.

Entretanto, compartilhar apreciações e *feedbacks* positivos estão entre as atitudes mais fáceis de tomar, no mundo. Como tudo o que é novo e diferente, pode causar certa estranheza ou desconforto no início, porque se trata de um jeito de se comunicar e se completar com o qual você não está acostumado. Mas você não tem que ser um sedutor ou um mago com as palavras para oferecer um grande elogio, apenas alguém disposto a dizer a verdade. Isso vai fazer com que seu colega aprecie o que acabou de ouvir, e você ganhará pontos positivos em seu crédito no universo. Quanto mais energia positiva colocar para fora, mais energia positiva você vai receber de volta. Não há nenhum prejuízo ou vergonha em ser a pessoa com quem todos sentem que podem falar, no ambiente de trabalho. Pessoas que assim se comunicam têm incrível influência e, muitas vezes, são responsáveis por aglutinar os colegas a seu redor, enquanto constroem uma ponte entre o frio profissionalismo e a comunicação autêntica.

Uma boa maneira de pensar no sentido de "completar" é imaginar isso como uma limpeza profunda, em vez de simplesmente dar um jeitinho na bagunça. Se você está realmente querendo higienizar sua casa ou mesa de trabalho, só concluirá a tarefa meticulosamente caso se comprometa a resolver tudo, e não apenas varrer a sujeira para debaixo do tapete. Esconder a desordem equivale a não compartilhar *integralmente* suas emoções, a fazer algo "mais ou menos". Para fazer uma mudança verdadeira e concluir o compromisso que você aceitou, é preciso realizar uma limpeza profunda e completar-se com os colegas, expondo suas emoções. Manter sua casa e seu local de trabalho limpos são atitudes fundamentais para que seu dia a dia flua naturalmente, da mesma forma como completar-se fará por sua vida.

FALAR DE MANEIRA INDISCUTÍVEL

Parte do processo de completar-se é sempre falar sem deixar margem a um mal-entendido. É possível fazer isso apenas dizendo o que, para você, é verdade. Muitas brigas poderiam terminar amigavelmente se as pessoas dissessem o que realmente pensam. Boa parte dos desentendimentos não é resolvida porque as pessoas se recusam a dizer o que estão sentindo de verdade. Não querem admitir por que estão magoadas ou por que estão com raiva. Ou talvez se sintam constrangidas quanto aos seus sentimentos, como ciúmes ou irritação diante de algo fora de seu controle. E embora seja difícil falar francamente com o seu interlocutor quando se está no meio de uma grande discussão e os sentimentos estão à flor da pele, essa é a única maneira de resolver um conflito.

> **Diga o que você realmente pensa.**

Não fique refém do "ele disse", "ela disse"; simplesmente fale, sem deixar margem a dúvidas, e assim poderá reduzir à metade o tempo do debate. Então, quando você estiver no meio de uma discussão acalorada, como fazer para não deixar margem a dúvidas?

PARTA DE UMA SENSAÇÃO FÍSICA

Por exemplo, você pode dizer: "Percebi que, quando você grita comigo, meu coração dispara". Uma declaração como essa é indiscutível, já que ninguém pode dizer o que faz ou não seu coração disparar ou o que é capaz de provocar sua dor de estômago. Agir assim, evita que algo realmente grave aconteça, porque se percebe o valor de nossas atitudes no outro, garantindo que não se diga algo ostensivamente dirigido à outra pessoa porque se sabe de seus efeitos. Sempre indico traduzir em palavras o que você está sentindo, de uma forma que a outra pessoa seja capaz de entender e de relacionar com as próprias reações. Muitas vezes as pessoas se colocam na defensiva quando sentem que estão sendo culpadas por algo que acham não ter feito. Em vez de enveredar por esse caminho, tente conversar numa base que compreenda emoções e pensamentos de ambos da mesma questão, com os quais os dois possam se identificar.

PROCURE POR UMA EMOÇÃO

Suas emoções sempre expressam a verdade. Não importa qual seja a situação, ninguém pode interpretar melhor seus sentimentos do que você. E por mais que nossas emoções nem sempre tenham lógica ou sejam fáceis de entender, elas são verdadeiras e, seja como for, podem ser levadas em consideração.

Quando você está procurando falar sobre uma emoção, é melhor recorrer a uma das cinco fundamentais, para que seu interlocutor entenda exatamente do que se trata. Por exemplo: "Eu me senti triste, quando perdemos esse cliente". As cinco principais emoções são mais ou menos como as cores primárias. Combinadas entre si, geram as várias outras emoções que sentimos.

Ao procurar por uma emoção, é importante que você se lembre de não jogá-la na outra pessoa, dizendo algo como: "É claro que é *você* quem está errado, porque *eu* estou me sentido irritado". Em vez disso, explore suas emoções, explique por que e o quanto sente cada uma delas, e trabalhe com o outro indivíduo para descobrir por que ela surge na relação de vocês e como pode ser evitada ou aliviada.

REPASSE SEUS PENSAMENTOS PRIMEIRO PARA SI

Isso pode ser complicado, porque nem sempre o que consideramos como fatos são, realmente, fatos. Toda memória, de alguma forma, é tendenciosa, porque deriva de uma só perspectiva; porém, cada situação pode ser avaliada e revista a partir de vários pontos de vista. Portanto, se seu colega de trabalho está fazendo algo que incomoda você e sua vontade é de conversar com ele a respeito, primeiro fale para si mesmo o que pretende dizer a ele. Se o que você deseja expressar é um julgamento em vez de um fato, então saiba que precisa reformular o discurso, recorrendo a algo factual, antes de ir até ele.

Por exemplo, é realmente "verdade" que o seu colega de trabalho foi rude com você e que, sendo assim, ele pode ser considerado uma pessoa rude? Talvez você tenha pensado que sim, mas isso é um fato? Não. Então o que realmente o conduz a tal julgamento? É verdade que seu colega de trabalho interrompeu você em uma reunião e que fez a mesma coisa nos últimos três encontros. Comece com o fato e, depois, diga o que isso fez você sentir. Seu colega de trabalho não pode argumentar contra um fato nem contra o sentimento provocado em você, mas poderia, caso não houvesse um fato para sustentar o que você está dizendo. Então, trate de lembrar: fatos não podem ser contestados, mas juízos pessoais podem.

NÃO SE CONTENHA

Quando você esconde a verdade de seus colegas (por exemplo, o que sente quando um colega de projeto recebe crédito por uma ideia que você apresentou), sua raiva e tristeza ficam acumuladas. Ao longo do tempo, esses sentimentos ganham proporções épicas e poderosas, mesmo que eles tenham sido provocados por um fato irrelevante. Se você permitir que a situação chegue a esse ponto, a dificuldade se transforma em um transtorno muito maior do que era no início, e obviamente será muito mais difícil de corrigir.

É por isso que muitas pessoas tendem a "explodir" diante de algo aparentemente inócuo. A verdade é que elas guardaram suas emoções por tanto tempo que, ao finalmente liberá-las, sua reação vai muito além do que deveria.

A lição? Nunca se contenha diante de seus colegas ou clientes. Embora possa parecer estranho ou desconfortável compartilhar seus sentimentos no momento em que eles surgem, o problema terá maiores proporções caso você tenha uma explosão dois meses depois e as pessoas fiquem se perguntando por que você simplesmente não se manifestou antes. Além disso, esconder o que sente ou pensa — de um colega, chefe ou cliente — não é uma atitude autêntica nem contribui para que exista um relacionamento franco com essas pessoas. Como você deseja ter um bom ambiente de trabalho se não consegue compartilhar com seus colegas o que realmente pensa sobre eles? A verdade é que, sem uma comunicação autêntica, você não terá um bom ambiente de trabalho, e sua produtividade será bastante afetada por causa da falta de comunicação.

Faça um favor a si mesmo e a seu ambiente de trabalho: compartilhe o que você tem ocultado e pratique a comunicação direta e honesta. (A única exceção a esta regra é o sentimento de origem sexual, na esfera profissional. Isso deve ser tratado à parte.)

MANTENHA A ATITUDE INDISCUTÍVEL

Você não será capaz de criar um ambiente de comunicação autêntica se não estabelecer limites. Expressar seus pensamentos e sentimentos é fundamental, mas se você não fizer isso de uma forma que seja útil ou compreensível, só vai tornar a comunicação ainda mais complicada — isso vale tanto para a sua vida pessoal quanto para a sua vida profissional. A única maneira infalível de garantir que sua comunicação seja sutil e autêntica é manter a atitude indiscutível. Isso significa seguir os passos já indicados antes (reportar-se a uma emoção ou sensação física ou a fatos ocorridos) e compartilhar a sua opinião no momento em que ela se manifesta. Não espere até que os sentimentos se tornem incontroláveis e você se arrisque a "ter uma explosão". A comunicação estressada raramente propicia uma mudança positiva.

{
A CENA NA EMPRESA: Mudança de atitude
O LUGAR: Leeks, Inc., empresa de consultoria jurídica
O PROBLEMA: Transformar queixas em solicitações
AS PESSOAS: Jim (consultor jurídico), Janet (sua assistente)

Os empregados da Leeks, Inc. constituem um grupo de pessoas satisfeitas e motivadas. De maneira geral, atuam no rigor da ética, têm excelentes relações com os clientes e entre si e sentem prazer em trabalhar na empresa. A equipe de administração trabalha com empenho para garantir a manutenção de um ambiente positivo de trabalho em que os funcionários possam prosperar.

E isso tem dado certo, para a maioria deles. Mas não para Jim. Ele trabalha na Leeks há cerca de dez anos e, quando novos empregados descobrem isso, sempre ficam se perguntando por que ele não faz outra coisa a não ser se queixar, se queixar, se queixar. Dia após dia, reclama que o escritório está frio demais, que o almoço deveria ser mais cedo, que é muito difícil trabalhar com os clientes, que não consegue se concentrar porque os colegas fazem barulho demais, que seus chefes não o respeitam nem se importam com a sua grande dedicação ao trabalho. É uma fonte infinita de lamentações. A coisa chega a um ponto em que aqueles que o cercam resolvem se afastar, porque ele emana uma energia tão negativa que ninguém consegue ficar por perto. Como Jim não percebe que é a causa do distanciamento dos colegas, isso apenas alimenta seu ressentimento e a sensação de que ninguém ali é capaz de compreendê-lo.

Como está na empresa há muito tempo e cuida de uma série de grandes clientes da Leeks, ele tem uma assistente, Janet, para ajudá-lo com a papelada, os arquivos e outras tarefas organizacionais. Embora ela seja uma jovem delicada, gentil e muito dedicada ao trabalho, Jim não poderia ser mais rude e agressivo quando pede a ela que faça alguma coisa. E, claro, nada é realizado como ele teria feito. Suas reclamações são as mais variadas: "Não acredito que você colocou este documento naquele arquivo... não é de lá!", "Eu seria bem mais organizado se você fosse competente e mantivesse minha mesa e meu gabinete limpos", "Por que você não consegue ser mais rápida, Janet? Como vou fazer tudo se você não acompanha meu ritmo?" e "Eu gostaria que eles jamais tivessem me dado uma assistente. Eu poderia realizar meu trabalho de maneira bem mais eficiente se fizesse tudo sozinho". No momento em que Jim lança essa última queixa a Janet, ela finalmente dá um basta.

"Ouça, Jim", ela começa a falar, agitada, "eu tenho aturado suas reclamações e críticas há muito tempo e, francamente, estou farta. Sei que ninguém aqui vai dizer o que acha, mas todos aqui estão cheios de você. Estamos fartos de sua negatividade, estamos fartos de sua amargura, e estamos cansados do fato de que você jamais pede alguma coisa para alguém sem transformar a solicitação em uma queixa. Não sei o que aconteceu para que você se tornasse tão infeliz e rude, mas não vai ganhar nada descontando em seus colegas".

Em seguida, Janet respira fundo, pega suas coisas e diz: "Eu mereço muito mais do que você me reserva todos os dias. Eu me demito". E ela vai embora, deixando Jim boquiaberto, chocado. A princípio, ele fica furioso. "Como ela ousa falar comigo desse jeito!", pensa, atordoado com o que acaba de acontecer. Ninguém jamais se atrevera a enfrentá-lo assim, antes! Mas Jim tem muito tempo para refletir, porque passa o resto da tarde sozinho, em sua sala. Inicialmente, fica muito incomodado, certo de que Janet perdeu a linha. Percebe, entretanto, que depois de dez anos de trabalho para a Leeks ele conquistou incrível sucesso na vida profissional, mas não tem nenhuma relação mais próxima com seus colegas, nem se sente realmente feliz. Ao tomar consciência disso, ele jura que vai mudar sua atitude e parar de ser um sujeito tão amargo, triste e reclamão.

Primeiro, toma a iniciativa de chamar seus colegas para uma reunião, disposto a apresentar um pedido formal de desculpas. "Pessoal", ele começa, "Janet acaba de me alertar para o fato de que eu me tornei uma presença bastante negativa na empresa. Eu gostaria de pedir desculpas a todos pela forma como tenho agido e por qualquer mágoa que minhas atitudes possam ter causado. De hoje em diante, eu prometo corrigir meu comportamento e transformar minhas queixas em solicitações, em vez de ficar vociferando descontentamento diante de vocês todo santo dia. Estamos no mesmo barco, aqui, e não é justo que eu imponha a todos a negatividade em que tenho vivido. Espero, realmente, que me perdoem".

Embora seja difícil para Jim pedir desculpas, ele nota a imediata reação positiva de seus colegas. Parecem aliviados com a atitude que ele acaba de tomar e, à medida que a semana avança, tratam de encorajá-lo a perseverar e de alertá-lo quando tem uma recaída. De maneira geral, a Leeks, Inc. melhora muito por causa disso.

Quanto a Janet, logo depois da reunião com os colegas, Jim trata de telefonar para ela. "Janet, estou ligando para dizer que sinto muitíssimo pela maneira como a tratei. Você sempre foi uma ótima assistente e eu estava errado ao abusar de sua paciência e ser tão pessimista. Eu também lhe devo um imenso agradecimento por ter a coragem de me enfrentar e dizer como você e os demais colegas se sentiam. Vou alterar bastante a maneira como me relaciono com as pessoas e meu hábito de me queixar constantemente. Eu realmente gostaria que você voltasse a ser minha assistente."

Janet percebe que suas palavras realmente haviam ecoado em Jim e fica emocionada pela forma como ele as acolheu. "Jim, eu agradeço que tenha ligado e sido tão receptivo ao que eu disse. Adoraria voltar a ser sua assistente; eu não queria ir embora de jeito nenhum!"

Ela retorna no dia seguinte e de imediato descobre que, realmente, ficou agradável trabalhar com Jim. Embora ainda faça reclamações, como qualquer outra pessoa na empresa, ele conscientemente trata de transformá-las em solicitações, em vez de ficar se queixando o tempo

> todo. Jim está muito mais feliz, e todos os integrantes da Leeks, Inc. estão entusiasmados ao relacionar-se com ele.

LIVRE-SE DO DEVE-SER

É muito fácil recorrer à comunicação sem autenticidade. De fato, em boa parte do tempo nós sequer notamos que estamos fazendo isso. Algumas frases que usamos no dia a dia, com verbos como "dever" ou "precisar", nos conduzem aos padrões da comunicação não autêntica. Isso acontece porque elas vêm acompanhadas de elos emocionais, capazes de influenciar tanto quem ouve como quem fala.

Por exemplo: ao utilizar o termo "deveria", você transmite a ideia de que alguém ou algo não é como teria de ser(e isso é o mesmo que dizer que ela não é uma boa pessoa). Ao ficar irritado com uma colega porque ela não se envolve muito com um projeto e dizer que ela *"deveria"* ajudar mais, na verdade você está querendo dizer que ela *"precisa* ser" mais respeitosa com você e com seu tempo.

O que há de tão ruim nisso? Bem, você não pode dizer a alguém como ele deve se sentir ou pensar, nem pode mudar o jeito de ela ser, mas apenas solicitar resultados positivos em relação a você.

Tudo que seu *deve-ser* consegue é deixar o ouvinte na defensiva (ele pensa: "Por que eu deveria fazer isso?"). Além disso, faz com que você se aprofunde mais em seus personagens ("Tenho o direito de me sentir assim porque você deveria ter me tratado melhor!"). E eis o que acontece: quando o tal *deve-ser* começa a voar livremente, qualquer esperança de solução e comunicação autêntica sai pela janela.

Da próxima vez em que você se pegar utilizando a palavra "deveria", seja em voz alta ou em pensamento, trate de erradicá-la. Ao simplesmente remover a palavra "deveria" (ou expressões similares como "precisaria" ou "teria" etc.) de seu vocabulário e procurar uma substituta menos dramática para ela, você pode criar uma conversação mais autêntica e desligar-se do personagem. Sendo assim, coloque o pé no freio tão logo se ouça dizendo a alguém o que ele deveria fazer; ou a você mesmo como deveria se sentir!

> Não há espaço para "deveria" no universo ou no ambiente de trabalho — as coisas são como são e, se lançar mão do "deveria", você não conseguirá trilhar com sucesso o caminho rumo a uma vida profissional positiva.

Você pode, no entanto, construir uma vida mais positiva, no ambiente de trabalho, baseada na autenticidade. Por exemplo, troque as frases "eu deveria ganhar mais dinheiro" ou "eu precisaria ganhar mais dinheiro", por "eu quero ganhar mais dinheiro". Quando diz claramente o que quer, com uma afirmação direta e imediata, você visualiza melhor que passos dar para seus sonhos se realizarem. Quando, ao contrário, recorre às formas "deveria" ou "precisaria", você acaba se desvalorizando e se sentindo preterido, pois isso significa que não usa todo seu potencial ou não recebe a justa recompensa pelo que faz. Reformular o seu discurso afirmando que "quer" ganhar mais dinheiro faz com que você se sinta mais motivado e capacitado. Seu objetivo fica ainda mais claro e você se sente mais responsável por seu destino. Dessa forma, você passa a ser capaz de enxergar outras maneiras de ganhar mais dinheiro (como conseguir um novo cliente ou reivindicar um aumento), em vez de ficar parado sentindo pena de si mesmo.

Tenha em mente que tudo no universo é como *deve-ser*. É importante procurar as razões por trás das coisas, em vez de se deixar consumir pelo sofrimento. Por exemplo, é possível que o fato de ter ficado até bem mais tarde no trabalho tenha poupado você de ficar preso durante o mesmo período de tempo em um grande congestionamento, por causa de um acidente automobilístico. Talvez aquela grande conta que você almejava, mas foi entregue a um colega, abra a possibilidade de trabalhar em outra, maior ainda e bem mais interessante. Não se trata de se desculpar pelos "fracassos", mas de não ficar se lamentando por algo que não tem volta. Enquanto perde tempo nisso, deixa de conquistar o próximo passo. Então perde-se duas vezes.

> A maneira como as coisas funcionam sempre orienta sua vida na direção certa, e usar palavras como "deveria" ou "teria" acaba causando frustração.

As palavras "dever" e "precisar" enquadram as circunstâncias como negativas, em vez de perfeitas, como todas as coisas são.

Descarte o "dever" e o "precisar" em sua vida e, em seu lugar, dê boas-vindas à autenticidade, ao que realmente te atrapalha e você vai ver, quase imediatamente, a diferença que isso faz em seus relacionamentos e processos mentais.

ALTERE A COMUNICAÇÃO

Não há nada pior do que um ambiente de trabalho repleto de pessoas irritadas e descontentes, em especial quando você passa a maior parte do dia confinado junto com seus colegas. Mesmo que você chegue ali com uma visão otimista, de bom humor, seu estado de espírito pode ser minado pelas contínuas lamentações ao redor. Pior ainda se você for parte do problema! Caso se encontre refém da negatividade, dominado por um clima queixoso e com influências ruins, talvez seja hora de uma mudança na comunicação.

Alterá-la pode melhorar não apenas o seu próprio humor, mas também o das pessoas ao seu redor, transformando você em alguém com quem é agradável conviver. Veja, em seguida, como fazer isso.

TRANSFORME SUAS QUEIXAS EM SOLICITAÇÕES

Um grande instrumento para evitar a comunicação negativa é transformar suas queixas em pedidos. Reclamações são o lado sombrio das solicitações — quando você trata de virá-las de cabeça para baixo, ali estão os pedidos, aguardando para serem transformados em algo positivo. Assim que inverter a posição da lamentação e se deparar com o pedido, você pode seguir adiante de uma forma bem positiva, edificante. E vai perceber rapidamente como é fácil fazer com que algo aparentemente negativo se torne positivo. Confira no quadro alguns exemplos de viradas de sentido:

> **Negativo:** Este escritório é muito frio.
> **Positivo:** Alguém se importa se eu mexer no condicionador de ar, aumentando a temperatura? Estou sentindo um pouco de frio.
>
> **N:** Odeio o café daqui.
> **P:** Eu gostaria de alterar um pouco as coisas e pedir uma marca diferente de café. Alguém mais concorda?
>
> **N:** Este cliente tem um grave problema de comportamento.
> **P:** O tom deste e-mail é um pouco ríspido e, para ser honesto, acho que me subestima como parceiro e pessoa. Você poderia, por favor, falar comigo com mais respeito, no futuro?
>
> **N:** Odeio minha colega. Ela é muito preguiçosa.
> **P:** Acho que você não está se dedicando bastante a este projeto e isso está me deixando frustrado. Podemos conversar para ver como isso pode mudar, no futuro?

Como você pode imaginar, nem todo pedido receberá uma resposta positiva. Talvez seus colegas gostem do café ou, quem sabe, seu cliente não ache que o tom do e-mail seja duro e possa ser ofensivo. Mesmo assim, ao transformar suas queixas em pedidos, você aumenta as chances de que as pessoas o escutem, e deixará de ser mais um dos responsáveis pelo ambiente de trabalho tóxico, encharcado de raiva. É verdade que nem sempre você terá o retorno que deseja, mas é melhor solicitar algo que o torne feliz e de uma forma que não seja ríspida do que ficar apenas reclamando e se lamentando.

SEJA HONESTO EM SEUS PEDIDOS

Transformar reclamações em pedidos às vezes é a parte fácil. A dificuldade está em verbalizar a solicitação. Em vez de reformular literalmente suas queixas, geralmente as pessoas tentam disfarçar o que pedem, para não parecerem tão exigentes ou mesmo para que outros pensem que se trata mais de uma sugestão. Imagine um empregador que diga a seus funcionários: "Oi, será que vocês querem vir trabalhar no sábado?". Claro que ninguém vai querer fazer isso! No entanto, o empresário imagina que falando dessa forma ele poderia suavizar a coisa, na tentativa de não parecer autoritário. Mas o que realmente consegue é irritar e confundir seu pessoal, levando os funcionários a se perguntar: "Será que ele realmente acha que qualquer um de nós quer mesmo trabalhar nos fins de semana? Será que ele acha que isso é prazeroso para nós? Posso me recusar ou é obrigatório?".

A melhor maneira de resolver isso seria simplesmente enviar um e-mail ou reunir os funcionários para dizer: "Pessoal, temos de trabalhar no sábado para cumprir este prazo. Sei que não é divertido vir aqui nos fins de semana. Mas é o que temos, então vamos tratar de fazer nosso melhor". Ao reformular o pedido e também qualificar o fato — afirmando que sabe não ser bom nem divertido —, ele demonstra aos funcionários que leva em consideração e entende os sentimentos deles, e que isso é importante para ele. Se você for honesto ao manifestar seus pedidos, mas tiver o cuidado de verbalizá-los de uma forma que contempla a outra pessoa, estará muito mais apto a obter uma resposta positiva. Quando você reclama, o que faz é impregnar o ambiente de energia negativa.

PEÇA O QUE VOCÊ QUER, NÃO O QUE NÃO QUER.

Quando você pede o que não quer ("Ah, meu Deus, espero que não precisemos trabalhar até tarde, hoje") em vez daquilo que quer ("Vamos trabalhar muito hoje, para que possamos terminar a tempo"), isso não conduz claramente a uma solução. Ao verbalizar o que não quer fazer (trabalhar até tarde), você só está reclamando, sem indicar nenhuma saída. Mas note que quando você diz o que quer (terminar a tempo), parece que, de imediato, surge uma solução (trabalho duro) na mente. Quando define um objetivo final, você compartilha seu pedido com os colegas de trabalho, que estão muito mais receptivos a algo comum e plural do que a algo negativo e singular. Geralmente, o que você não quer fazer provavelmente é o que alguém mais também não quer, então, fica a pergunta: o que de bom você consegue ao reclamar?

Isso vale especialmente para questões de gestão. Quando você diz a seus funcionários o que não quer — atrasos —, todos imaginam um insulto embutido na frase. "Ele está insinuando que eu estou atrasado?", cada um deles se pergunta. "Eu não me atrasei uma vez sequer nos últimos seis meses. Então por que, de repente, ele vem dizer para a gente não se atrasar?" Além disso, nessa situação o gerente não fez o endereçamento correto. Se o problema é que a regra está sendo desrespeitada, não é bom dirigir-se a cada um de seus funcionários para reafirmá-la.

Em vez disso, tente manifestar seus pedidos dizendo aos funcionários o que você quer ou qual é, de fato, o problema. Por exemplo, "Nossa intenção é trabalhar oito horas por dia, não mais. Tenho notado que alguns de vocês não começam sua jornada às 9h00. Quem não puder chegar a tempo, por favor, fale comigo para que possamos organizar horários diferentes. Senão, chegue às 9h00, de acordo com a política da empresa." Essa tática é muito mais eficaz, pois aborda diretamente a questão e indica a solução, em vez de não lidar com o problema nem oferecer a forma de resolvê-lo.

Ou, por exemplo, se você tem uma funcionária que fala demais durante as reuniões, não lhe diga o que não quer ("Por favor, você pode não falar tanto nas reuniões?"). Substitua a afirmação pelo que você almeja ("Quero que você seja mais estratégica quando se manifestar, nas reuniões."). Uma solicitação verbalizada positivamente deixará a funcionária menos propensa a se sentir ofendida, anulando o risco de afetar sua autoestima e contribuindo para mantê-la proativa em relação às mudanças que precisará fazer no próprio comportamento.

Em qualquer escritório, quando você compartilha a mesa com as mesmas pessoas, todos os dias, sem dúvida haverá coisas irritantes ou frustrantes. Tudo perfeitamente normal quanto a isso. Molestar os colegas com a sua frustração é que não é bom. Então, da próxima vez que estiver disposto a reclamar, lembre-se de alterar a forma da coisa, expressando um pedido. Tanto você como seus companheiros de trabalho se sentirão muito, muito mais felizes.

COLHA OS BENEFÍCIOS

Quando você fala sem dar margem a discussões, faz com que seu interlocutor aceite mais facilmente seu *feedback*. Ao formular suas histórias de maneira obviamente subjetiva (como "eu sinto que..." ou "tenho uma história que..."), você oferece algo mais palatável, fácil de digerir, sem que seu colega considere uma ofensa. Ao se expressar de forma clara, anulando a possibilidade de haver algum mal-entendido, você pode se dirigir a todos, desde seu chefe até uma criança de cinco anos de idade, de forma bem-sucedida e autêntica. Dessa forma, você reduz a possibilidade de ferir sentimentos alheios, e aumenta a quantidade de mudanças positivas em sua vida.

- **Ao se expressar de forma clara, sem dar margem a mal-entendidos, você elimina a comunicação não autêntica de sua vida. "Limpa" a comunicação e a mantém honesta e direta.**
- **É impossível falar de uma perspectiva imparcial e sem emoção. Tudo bem. Desde que admita que suas declarações são influenciadas por suas emoções e que pode estar enganado, você é capaz de impedir que sua subjetividade dificulte a comunicação.**

Capítulo 8
DESLIGUE O RUÍDO

Como criar equilíbrio na vida pessoal e no trabalho.

> *O tempo que você perde com alegria não é tempo perdido.*
> — Bertrand Russell

A PRODUTIVIDADE, E a maneira de alcançá-la, é mal compreendida na maioria das companhias americanas. Um erro que muitos empregadores cometem é o de acreditar que quanto mais espremerem seus funcionários, mais as empresas serão capazes de produzir, vender ou oferecer serviços. Minha crença pessoal é a de que empregados mais descansados e com horários respeitados (ou seja, que não fazem intermináveis horas-extras) sentem-se mais felizes e são mais produtivos. A alegria e a produtividade andam de mãos dadas.

> Sentir-se tratado com justiça é uma fonte de grande motivação para os funcionários e os mantêm presentes e focados no objetivo comum.

Temor, cansaço, raiva e depressão não ajudam em nada uma empresa. Esses são os frutos de uma rotina de trabalho autoritária, em que o empregado sente não ter mais controle sobre sua própria vida. Empregados devem ser avaliados com base no trabalho que produzem, incluindo qualidade e quantidade, não em quantas horas são registradas no relógio de ponto ou na frequência com que abrem mão de suas férias.

Obviamente, isso não significa que se deve permitir que eles sejam preguiçosos ou improdutivos. Na EPR, esperamos que todos os nossos funcionários trabalhem oito horas por dia, porém não mais. Religiosamente, mantemos os fins de semana livres, porque, como somos uma empresa de Relações Públicas, sempre há clientes que têm atuação nos fins de semana. Se nossos colaboradores fossem destacados para acompanhar esses segmentos eles nunca teriam dias de descanso. Justamente por essa razão, faz parte de nossa política "não trabalhar nos fins de semana". Observe, a seguir, como você pode criar equilíbrio em sua própria vida e no trabalho:

{
A CENA NA EMPRESA: Quando o trabalho domina
O LUGAR: Gage Recruiting Firm
O PROBLEMA: Falta de equilíbrio entre trabalho e vida pessoal
AS PESSOAS: Lindsay (recrutadora), Jack (chefe), Rob (marido)

Lindsay trabalha como recrutadora na empresa Gage há cerca de três anos e está muito satisfeita com seu trabalho. Recentemente foi promovida à categoria sênior, o que significa aumento de responsabilidade e atribuições desafiadoras. Ela gosta de seus colegas e, de vez em quando, sai com eles para um happy hour nas noites de sexta-feira. Ela também admira seu chefe, Jack. Ele parece valorizar o empenho dela e é muito justo com todos. Em empregos anteriores, Lindsay sentiu que podia ter sido preterida em promoções ou aumentos de salário porque outros funcionários tinham mais amizade pessoal com o gerente, mas Jack não é do tipo que mistura as relações pessoais com as profissionais.

Certa noite, Jack se aproxima e pergunta se ela poderia vir no dia seguinte, um sábado, para terminar um projeto com antecedência. Sentindo-se entusiasmada porque o chefe está lhe confiando tal responsabilidade, Lindsay fica muito feliz em aceitar. Mas o que inicialmente é um pedido isolado, começa a se tornar rotina. Logo Jack passa a pedir, com mais frequência, que ela fique até mais tarde e vá ao escritório nos fins de semana. Mesmo quando ela está de folga, ele manda mensagens de texto no celular ou e-mails com questões e problemas relativos a trabalho, não raro tarde da noite. Isso acaba causando problemas em seu casamento e em sua sanidade.

Uma noite, Lindsay sai para jantar com seu marido, Rob. Ele havia planejado esse encontro romântico em um de seus restaurantes prediletos, para que compartilhassem um momento de privacidade. Ultimamente eles têm estado sempre muito ocupados com o trabalho ou com compromissos sociais, e tem sido difícil conseguirem abrir espaço em suas agendas para ficarem juntos, sozinhos. Logo depois que o garçom serve uma taça de vinho para cada um, o telefone celular de Lindsay vibra. "Não entendo por que você carrega essa coisa para todos os lugares", desabafa Rob, pois o telefone arruína o clima. "São sete horas de uma noite de sábado e você não está de plantão."

"Eu sei. Apenas não tenho certeza de como devo tocar neste assunto com ele", comenta Lindsay, enquanto olha para baixo, decidida a conferir o último e-mail enviado por Jack. "Não quero ser passada para trás em uma nova promoção porque meu chefe não se lembra de que eu existo. Eu acho que deveria considerar um elogio o fato de ele sempre estar pensando em mim quando há coisas a fazer, mas sinto como se minha vida inteira estivesse voltada apenas para o trabalho." Lindsay pede licença para responder à mensagem.

O casal discute o problema ao voltar para casa e ela se sente bem confiante para falar com seu chefe sobre a situação, na manhã seguinte.

"Parece que eu estou sempre de plantão e isso começa a afetar minha vida pessoal, incluindo o relacionamento com meu marido", explica Linda para Jack. "Por mais feliz que eu me sinta com o fato de você entrar em contato para falar sobre projetos de trabalho, começo a me preocupar com a possibilidade de meu desempenho deteriorar se eu não tiver um equilíbrio entre as tarefas aqui e minha vida pessoal."

"Eu não imaginava, Lindsay", diz Jack, alarmado com o fato de o emprego estar exigindo demais dela. "Não quero que meus funcionários comecem a ter medo de seus celulares ou que sintam a necessidade de levá-los para onde quer que se desloquem. Eu acho que, ao tomar esta iniciativa de vir falar comigo, você na verdade ajudou a companhia inteira a tratar essa questão do equilíbrio."

> Naquele mesmo dia, Jack decide instituir uma nova política na empresa — nada mais de usar celulares depois da jornada regular. Ele diz a todos que não têm mais que responder chamadas ou e-mails depois das seis da tarde nos dias úteis nem nos fins de semana.
>
> Desde que essa determinação vem sendo praticada, todos na Gage estão mais felizes, inclusive Lindsay. Jack também nota a mudança. Seus colaboradores não hesitam mais ao assumir um novo projeto, agora que não têm mais de se preocupar com a possibilidade de ter que trabalhar aos sábados para concluí-lo. Eles têm mais energia e produzem melhor durante a jornada regular, pois não estão mais cansados por trabalhar até tarde no dia anterior. Jack está muito satisfeito por ter percebido que o equilíbrio entre trabalho e vida pessoal é essencial para ter funcionários alegres e um ambiente de trabalho produtivo.

VALORIZAÇÃO DO EMPREGADO

Um dos fatores mais importantes para que exista o equilíbrio entre vida pessoal e profissional é manifestar apreciação.

> **Quem é valorizado, sente-se revigorado, rejuvenescido; reflete e orgulha-se de suas realizações, o que promove um bem-estar geral.**

Apreciações são revigorantes e restauradoras, do ponto de vista psíquico. Um ambiente de pressões, prazos finais e pouco apreço conduz a um incrível estresse no trabalho, algo que pode ser difícil de se livrar.

Tratar empregados como adultos e deixá-los definir seus horários (e compensar horas perdidas, caso necessário, como quando eles precisam se ausentar para ir a uma consulta médica, por exemplo) são iniciativas que valem ouro, quando se trata de produtividade e moral da equipe. Isso não significa permitir que o pessoal fixe as jornadas sem nenhum critério, a esmo. Na verdade, notei um resultado oposto. Devido ao sentimento de comunidade e amizade reinante na empresa, todos têm senso de responsabilidade e vontade de assumir suas próprias tarefas — ninguém quer sobrecarregar seu amigo com trabalho extra ou deixá-lo plantado, sem ajuda, bem no meio do expediente.

Algumas organizações se tornaram famosas por permitir que seus funcionários trabalhem em casa ou por não obrigá-los a cumprir toda sua carga horária no escritório, mas acredito que o modelo de "trabalho à distância" dificulta a colaboração frequente. Em vez disso, é mais eficaz atuar em um ambiente no qual o descanso e a autonomia fazem parte do cotidiano, de maneira a permitir que os empregados sejam responsáveis pela maneira com que gastam seu tempo de trabalho na empresa.

NADA DE E-MAILS FORA DE HORA

Permitir que seus empregados levem trabalho para casa e nunca tenham descanso mental é um grande erro gerencial que muitas empresas cometem. Por essa razão, meus colaboradores e eu seguimos a política de não enviar e-mails de trabalho depois das seis da tarde e antes das seis da manhã nem *durante* os fins de semana. Alguns ainda costumam dar uma olhada regular em seus celulares para verificar se há algum pedido da imprensa, um prazo final ou um problema urgente com algum cliente, mas de maneira geral nós nos desligamos do trabalho quando estamos fora da empresa. Agendas eletrônicas e e-mails podem ser viciantes, e parar com eles, em grupo, impede que esses hábitos criem raízes.

Quando todo mundo ficou sabendo de nossa política de não envio de e-mails, o famoso programa de negócios *Your World with Neil Cavuto* (Seu Mundo com Neil Cavuto.) me convidou para uma participação, e a sessão de economia do jornal *New York Times* publicou uma matéria a respeito. Depois de perceber como essa iniciativa era incomum e instigante para esse universo, ficou claro para mim que era necessária e benéfica. Na verdade, há épocas em que fico checando meu e-mail a cada sessenta segundos — portanto, impedir essa loucura à noite e nos fins de semana é a única maneira de descansar e se recuperar para enfrentar os próximos dias úteis.

PAUSAS NO TRABALHO

O equilíbrio entre vida pessoal e profissional tem de incluir pausas regulares. A teoria do "trabalho, descanso, recuperação" é usada por todo mundo, dos atletas que disputam as Olimpíadas aos cientistas da NASA. Assim como os esportistas têm de deixar seus corpos em repouso, entre os dias de treino, para permitir que sua musculatura se cure e cresça, funcionários necessitam descansar suas mentes durante os dias de trabalho, para criar condições de expansão da criatividade e do pensamento claro. Sem o descanso, o trabalho de um funcionário certamente será afetado.

É por isso que todo o meu pessoal começa a jornada de trabalho na sala de descanso, lendo o jornal e tomando o café da manhã.

Cada vez mais os funcionários temem o momento de chegar ao trabalho, ter de ligar o computador imediatamente e mergulhar na loucura diária. Esse receio se dissipa quando eles podem, ao chegar na empresa, tomar um café, conversar com os colegas, compartilhar diversão e criatividade, além de trocar ideias uns com os outros sobre o que têm a fazer na semana. Ler notícias e estar bem informado é uma grande parte do trabalho do publicitário de sucesso, mas também permite que a equipe se relacione, relaxe e recarregue as energias antes de enfrentar um dia de trabalho cansativo.

Nossos funcionários também têm uma hora de pausa para o almoço, ao meio-dia, e a alimentação é oferecida na empresa, sem nenhum custo. Isso inclui refrigerante, café, entradas e refeições congeladas da melhor qualidade possível, solicitadas diariamente. Ao dar a sua equipe comida saudável e deliciosa, você pode transformar aquele momento em uma parte produtiva da jornada. Em vez de contar com um grupo letárgico de empregados devido ao que ingere no McDonald's, é possível ter um pessoal ativo, sagaz, que se sente revigorado e cheio de energia depois da refeição. Isso não apenas faz com que meus empregados economizem dinheiro e tempo — uma vez que eles não precisam sair para comprar sanduíches ou café —, mas também dá a cada um a oportunidade de passar um momento agradável na companhia dos colegas. Nós nos reunimos e compartilhamos o almoço, o que mantém meu time coeso e unido. Do presidente ao estagiário, o almoço é um interregno que apreciamos juntos, como um grupo de iguais; as conversas e risadas criam um ambiente alegre que permanece durante a tarde.

O clima de simpatia e diversão se estende ao longo da jornada de trabalho. Entre breves paradas para um café e conversas casuais no corredor e nos escritórios, os funcionários são estimulados a se socializar e se reunir da maneira como quiserem. Em vez de tratá-los como autômatos e suas mesas como gaiolas, permitimos que eles usem suas horas de trabalho como bem entendem — se gastarem muito tempo conversando e não derem conta do que têm a fazer, serão os que ficam até mais tarde para terminar seus projetos. No final das contas, mesmo com a permissão da conversa, a maioria das pessoas restringe ao mínimo suas atividades de socialização, para que possam sair no horário certo, todas as noites.

Outra maneira que encontrei para alcançar o equilíbrio entre vida profissional e pessoal foi criar o "horário de verão" para os meus funcionários. Nesse período, eles podem sair às 15h00 às sextas-feiras e voltar ao escritório às 10h30, nas segundas-feiras. Isso cria uma sensação de um "longo fim de semana", o que elimina a necessidade deles solicitarem uma semana de folga nessa estação de muito calor. E, como eles sabem que dispõem de um pouco mais de descanso, trabalham duro ao longo da semana para desfrutar plenamente seu tempo livre extra.

RELAÇÕES CLIENTE/EMPREGADO

Outro componente importante do equilíbrio entre a vida profissional e a pessoal é como empregadores e clientes tratam os empregados/funcionários. Se alguém considera que ter de segurar as pontas diante de um cliente irritado ou de um chefe irado, significa que o restante de sua vida no trabalho quase não importa. Caso você não seja tratado com respeito, não haverá alegria, e a produtividade será baixa. É por isso que insisto para que todos os funcionários da EPR sejam tratados com cortesia e gentileza por seus clientes, e vice-versa.

Esta negociação é feita logo no início de cada relacionamento que iniciamos com nossos clientes. Explicamos que queremos ser tratados como parceiros, com os quais se fala com o devido respeito, e, em troca, oferecemos o mesmo estilo de comunicação, juntamente com nossa dedicação a suas contas. Se um deles altera os termos desse acordo ao longo da parceria, solicitamos uma correção em seu comportamento. Caso não ocorra, despedimos o cliente. E, claro, nem é preciso dizer que um funcionário rude ou desrespeitoso receberá o mesmo tratamento. Ninguém tem de sofrer maus tratos para trabalhar na EPR — o sofrimento não faz parte dos requisitos para o emprego.

EVENTOS SOCIAIS

Outro componente do equilíbrio entre vida profissional e pessoal diz respeito à criação de eventos sociais para que os funcionários se relacionem. Além da típica festa de Natal, fazem parte das iniciativas sociais da EPR a realização de jantares na casa do patrão e passeios quando as metas são alcançadas. Os funcionários não costumam expressar o desejo de participar de reuniões fora do horário de trabalho com seu chefe, mas querem ser conhecidos e reconhecidos como seres humanos que são, e não apenas como dentes a mais na engrenagem corporativa.

Como se pode ver, há muitas possibilidades para criar uma equilibrada vida social e profissional. Algumas são um pouco mais fáceis de instituir no local de trabalho. Já outras, nem tanto. Mas a equação é simples. Certifique-se de que seus funcionários mantêm conexões pessoais, e de que eles têm tempo para se concentrar em suas próprias vidas, além de compartilharem entre si, e também com os administradores e clientes, um tratamento justo. Esses três fatores são essenciais para garantir tal equilíbrio, que por sua vez é o ponto chave para ter uma vida saudável.

VIVA EM PLENITUDE

Muitas pessoas têm metas e acham que, tão logo as alcancem, isso as tornará felizes, como ter um belo carro, uma grande família, ganhar um monte de dinheiro ou ser patrão em vez de empregado. Sejam quais forem seus objetivos, seu foco principal tem de estar concentrado em um só ponto — viver na plenitude. E o que isso significa?

Quando você vive na plenitude (também conhecida como viver no presente, no fluxo ou em essência), está engajado, atento e também tem uma grande sensação de entusiasmo — e um espírito efervescente. O mundo não é algo que você está apenas observando ou com que se preocupa — é uma coisa da qual você faz parte e que é parte de você. Você logo percebe quando alguém que conhece está vivendo na plenitude. Seus olhos são vivos e brilhantes, seu humor é agradável, sua perspectiva de vida é positiva e, geralmente, são pessoas de grande sucesso na carreira que escolheram. Isso acontece porque alguém que vive na plenitude escolhe uma profissão pela qual é apaixonado e entusiasmado.

Ao definir sua carreira com base nisso (em vez de pensar em quanto dinheiro paga ou na lucratividade que seu empreendimento pode ter), você garante que será mais feliz e apaixonado pelo cotidiano. Não terá medo de ir para o trabalho e a ele dedicar-se com afinco. O que você faz ali torna-se apenas outra extensão de sua vida feliz, positiva.

Sou uma prova viva disso. Depois de permanecer na área de capital de risco a maior parte de minha existência, eu tinha ganhado muito dinheiro e era muito bem-sucedido. Mas não era feliz. O que eu fazia não me fazia sentir arrepios de satisfação ou prazer. Então, certo dia, notei esse arrepio; foi quando ajudava minha esposa, a terapeuta sexual Dra. Laura Berman, a se preparar para uma de suas muitas aparições na televisão, dividindo o trabalho com os produtores. Gostava da criatividade que tomava o ambiente, dos temas abordados e, especialmente, da ideia de que as palavras dela chegariam — e ajudariam — a milhões de pessoas em todo o mundo.

Foi quando eu soube que relações públicas era a área adequada para mim. Deixei o capital de risco e nunca me arrependi. Acabaram-se os dias de captação de fundos, de conversa fiada e de frenéticas reuniões de orçamento. Acabaram-se os dias em que todos os meus pensamentos se concentravam em economizar dinheiro e cortar custos. A partir dali eu podia fazer o que realmente amava — trabalhar com criatividade e, ao mesmo tempo, fazer parte do mundo da mídia.

Anos mais tarde, esse meu sonho tornou-se uma próspera realidade. Deixei de cuidar apenas das relações públicas de minha esposa para ter uma carteira de trinta clientes, em diferentes áreas, incluindo estilo de vida, hotelaria, saúde e bem-estar e restaurantes. Eu não apenas amo o que faço, mas também o que fazem meus clientes. Criei a vida que considero perfeita para mim, plena, fazendo o que aprecio, em vez do que é supostamente lucrativo. Ao fazer o que amo, acreditando que o universo vai me oferecer todo apoio, aprendi a viver com prosperidade e a ter uma carreira da qual me orgulho.

- Se você não tem um equilíbrio entre vida profissional e pessoal e passa o tempo todo trabalhando, isso afeta seu humor, sua saúde, sua criatividade e sua paz de espírito.
- Ao fazer pausas regulares para recarregar suas baterias e relaxar, você presta um serviço a seus empregados e clientes, porque eles precisam que você funcione com toda a potência do motor.
- Aproveite seus dias de férias, durma até mais tarde de vez em quando e trate de abrir espaço para tomar um café com seus colegas. Como resultado, seu trabalho evoluirá.

Capítulo 9
ASSUMA SEUS 100%

Como trazer de volta a responsabilidade ao escritório
No momento em que cada um varrer a frente de sua casa, o mundo inteiro ficará limpo.
— Johann Wolfgang von Goethe

QUANDO ENTRA EM uma Empresa Livre de Fofoca, você começa a assumir a responsabilidade pelas palavras que diz e por seu estilo de comunicação. Assumir total responsabilidade por suas ações, entretanto, requer muito mais do que apenas acabar com a fofoca.

> **A CENA NA EMPRESA:** Assumir seus 100%
> **O LUGAR:** Revolution, Inc., uma imobiliária
> **O PROBLEMA:** Não assumir seus 100%
> **AS PESSOAS:** Kevin (corretor de imóveis), Rich (seu chefe)
>
> Kevin é corretor de imóveis na cidade de Macon, situada em West Virginia. Nos últimos dois anos, trabalha para a Revolution, Inc., mas ainda não conseguiu um aumento salarial ou uma promoção, embora tenha feito grandes negócios tão logo chegou na empresa. Insatisfeito porque não recebeu tais recompensas, rotineiramente Kevin tem uma atitude desleixada no trabalho. Avisa que está doente algumas vezes por mês, chega sempre atrasado e vai embora cedo. Quando está no escritório, fica checando as estatísticas de seu site preferido de futebol, se ausenta para

fazer lanches ou se distrai com outros passatempos. Todos gostam dele na empresa, mas seus colegas costumam se ressentir de seu comportamento quando almoçam com ele ou compartilham uma happy hour, porque ele costuma acabar com o bom humor das pessoas ao queixar-se do trabalho e se gabar de suas qualidades. Embora em boa parte do tempo Kevin seja uma pessoa agradável, no trabalho sua atitude tende a ser grosseira e mal-humorada, principalmente porque ele se acha ignorado e subestimado. Ele se mostra particularmente amargo pelo fato de, há pouco tempo, ter pedido um aumento de salário recusado por seu chefe, Rich, com a justificativa de que, para merecer isso, Kevin teria de trabalhar mais.

Em vez disso, porém, Kevin começou a se empenhar ainda menos. Finalmente, Rich decide que não tem alternativa senão fazer uma advertência a ele. Rich chama Kevin a seu gabinete para uma conversa muito séria a respeito das possíveis consequências de ele continuar se comportando dessa maneira. "Kevin, você está conosco há bastante tempo. Gostamos de você. Mas, ultimamente, seu trabalho tem sido desleixado e sem foco. A maneira como vem atuando é... bem, se continuar do mesmo jeito ou, Deus me livre! se piorar, terei de demiti-lo."

Kevin fica chocado. "Como assim, demitir?", ele murmura, confuso. "Abrir mão de meus serviços? Eu tenho sido um funcionário leal e dedicado por dois anos!"

"Isso não é totalmente verdade", corrige Rich. "Sim, você está aqui há dois anos, mas seu trabalho piorou em termos de qualidade, nos últimos tempos. É como se você não quisesse permanecer conosco."

"Eu sabia que ninguém aqui gostava de mim! Você não percebe que eu ajudei a transformar esta empresa no que ela é hoje? E quanto as contas da Markson e Jacob? Quem você acha que trouxe esses clientes? Meu desempenho foi superior ao de qualquer outro corretor naquele período!"

"Mas isso foi há um ano e meio, Kevin! O que você fez, recentemente? Não posso recompensá-lo por algo que aconteceu meses atrás!"

"Bem, mas você não reconheceu o que fiz na época, não é mesmo? Não tive um aumento sequer nem uma promoção desde que entrei na empresa! Sou o único, entre todos, que não recebeu nada a mais!", afirma Kevin.

"Sei disso. Mas a verdade é que você fez um ótimo trabalho um par de vezes e depois desistiu. Se quer um aumento de salário ou uma promoção na Revolution, você tem de provar que faz um bom trabalho constantemente. Encare os fatos: você não recebeu um aumento logo em seguida das vitórias com Markson e Jacobs e deixou tudo de lado! É capaz de perceber que, a partir dali, só ficou se lamentando? Não trabalhou direito em nenhuma outra conta", declara Rich, irritado.

Kevin abre a boca para argumentar, mas não consegue pensar em uma defesa. Pela primeira vez, ele percebe sua culpa ao criar a situação da qual tanto se ressente. Admite para si mesmo que tem de assumir seus 100% na falta de sucesso em sua carreira. Ele hesita, mas em seguida afirma: "Algumas coisas que você disse... bem... tudo que você disse é verdade. Eu estraguei tudo. Tive uma péssima atitude. Agora eu sei disso. E posso perceber, pela maneira como o pessoal olha para mim, que eu não tenho razão".

Rich suspira. "Escute, vamos começar de novo. Eu estava errado quando não o elogiei devidamente pelo caso Jacob e não conversei logo com você sobre seu comportamento. Mas nós empregamos você por um motivo e queremos que permaneça. Só que temos de ser mais abertos e honestos um com o outro, daqui para frente. Se precisar de alguma ajuda, pode falar. Nem sempre tenho a ferramenta mais afiada à mão, mas farei o que puder para ajudá-lo."

Kevin ri: "Trato feito".

ASSUMINDO SEUS 100%

Quando vivenciamos a felicidade, não sentimos a necessidade de empurrá-la na direção de alguém, não é verdade? Isso acontece porque a sensação é muito boa, então preferimos aproveitá-la o quanto pudermos. O mesmo deve valer para os sentimentos negativos. Se você pode se apropriar de sua felicidade, então pode se apropriar de sua tristeza, e logo descobrirá que tudo em seu mundo está inteiramente sob seu controle.

> **A chave para explorar seu próprio poder interno é apoderar-se de seus 100% de cada situação em que você se encontre, além de admitir cada emoção que sente e cada pensamento que tem. Isso significa assumir a responsabilidade, em vez de jogar a culpa nas costas de outra pessoa.**

Quando dá a alguém o poder de fazer com que você se sinta de certa maneira, subconscientemente está se colocando sob o controle dessa pessoa. Em vez de ter completa responsabilidade pela forma como reage a uma situação, você está renunciando a seu poder e oferecendo as rédeas a outrem. A infeliz realidade é que alguns de nós dão a estranhos, na rua, mais capacidade de ditar nosso humor e nossa maneira de pensar do que a nós mesmos. Embora seja uma reação perfeitamente normal, quando você começar a recuperar o controle do seu estado de espírito verá como foi danosa a atitude de deixar que os outros controlem suas emoções. É uma incrível perda de energia dar plenos poderes a alguém que só causa impacto em um breve momento de seu dia e passar o resto do tempo pensando nisso.

É certo que um colega ou determinada situação possa desagradar ou irritar você, mas a maneira como escolhe reagir está totalmente sob seu controle. Assumir a responsabilidade pela forma como você sente e age diante de cada situação pode parecer uma tremenda sobrecarga. No entanto, ao assimilar bem o conceito, você perceberá que a verdade está no extremo oposto.

> **Assim que assume seus 100%, você conquista o poder instantaneamente.**

A partir do momento em que começa, em sua mente, a chamar para si a responsabilidade, você reconquista seu poder e é capaz de mudar para melhor a situação que está vivendo. Você vai poder reter o que precisa e abrir mão do que foge do seu controle. Isso não quer dizer que toda a negatividade vai diminuir, mas você aprenderá a ficar em paz com as coisas que são imutáveis e a trabalhar para alterar o que está sob seu controle.

COMO APODERAR-SE DE SEUS 100%

Um elemento-chave para descobrir seu papel nos problemas do escritório é ser capaz de aceitar seus próprios erros. É fácil culpar seus superiores, colegas e clientes pelas dificuldades em curso, mas você não pode agir assim. Ao analisar o panorama todo, é um absurdo achar que você não tem culpa de nada.

> **O primeiro passo para apoderar-se de seus 100% é descobrir seu papel nos problemas existentes no escritório.**

Ninguém é perfeito, e reavaliar a forma como você tem se comportado é um processo fundamental. Talvez você não tenha tomado a iniciativa em um projeto importante. Quem sabe você tenha dado uma bola fora em uma reunião sobre um novo negócio. Ou pode ser que você seja julgue o desempenho de um companheiro em muito pouco tempo. Ao assumir a responsabilidade por seus erros, você pode apoderar-se de seus 100% e melhorar ao máximo a sua situação.

> **O segundo passo na jornada para assumir seus 100% é renunciar aos ressentimentos desagregadores e ciúmes mesquinhos que você tem alimentado no ambiente de trabalho.**

Sabe aquele cara que recebeu a promoção em vez de você, no ano passado (ainda que não merecesse, de jeito nenhum)? Esqueça. E aquele colega que sempre ouve música em volume altíssimo e que usa um perfume desagradável? Deixa para lá. Quando começar a perceber que só você tem a capacidade de relevar essas amolações ao seu redor, elas deixarão de incomodar.

Há tantas coisas das quais você pode tomar posse! E, quando estiver trabalhando para realizar seus próprios objetivos e responsabilidades, é contraproducente se concentrar no que outras pessoas estão fazendo, especialmente se o objeto da distração for de natureza inútil e impedir que você conclua suas próprias tarefas. Se aprender a não levar em conta pequenos aborrecimentos, eles se transformarão em um insignificante ruído de fundo que você pode desligar quando bem entender.

Você pode começar a aceitar os fatores desagradáveis em seu ambiente de trabalho considerando-os como parte de um todo íntegro, perfeito.

Isso quer dizer que o lugar onde você trabalha é uma parcela do plano divino do universo para você... o que inclui até o cheiro do perfume que você detesta ou mesmo o elevador quebrado. Se lutar contra estas situações, você desafia sua própria realidade e existência. Isso também pode ajudar a conscientizá-lo de suas próprias imperfeições, as quais, sem dúvida, às vezes irritam as pessoas próximas; portanto, lembre-se de ter com elas a paciência e o respeito que você espera merecer.

NÃO SE APROPRIE DE MAIS DO QUE SEUS 100%

Embora seja importante apropriar-se de 100% de cada uma das situações de sua vida, em vez de passar a bola adiante como se determinada situação não tivesse a ver com você, não existe essa coisa de assumir ainda mais. Muitas vezes os administradores caem nessa armadilha, tentando reclamar para si 200, 300 ou até 400% dos problemas de suas empresas! Sempre que algo vai mal, eles carregam nos ombros toda a culpa, e também admitem a responsabilidade por corrigir os erros, mesmo que não tenham tido nada a ver com o que se passou. Isso não apenas torna um gerente estressado e infeliz, mas também significa que os funcionários nunca aprendem a aceitar seus 100%.

> Quando um gerente ou um empregado excessivamente dedicado começa a assumir mais do que seus 100%, eles se tornam as pessoas que precisam estar no controle o tempo todo.

Ninguém gosta de trabalhar ao lado de um maníaco por controle e, certamente, ninguém deseja ser chefiado por um tipo desses.

Se você é um gerente, entende que parte de ter uma equipe é saber como delegar. É impossível para uma pessoa assumir sozinha o funcionamento de uma empresa inteira; e, se você tem uma equipe de funcionários dedicados, que razão teria para tentar isso? Para garantir que você não assuma nada além de seus 100%, certifique-se de que, ao delegar responsabilidades, na verdade você está considerando que seus funcionários devem atuar de maneira autônoma. Você está ali para supervisionar e orientar, caso eles precisem de ajuda, mas não para ficar olhando por cima do ombro de cada um, para ter certeza de que estão dando conta das tarefas que você passou. Se você é culpado por essa corruptela de "delegar", saiba que está chamando para si mais do que sua parte devida na carga de trabalho, e que não confia plenamente em seu pessoal.

O CONTROLE É SEU

Se todos assumissem seus 100% de responsabilidade em cada situação o tempo todo, tudo funcionaria de maneira muito mais eficiente. Os empregados estariam preocupados em realizar suas tarefas e contribuiriam com a equipe, em vez de se concentrar no que os demais estão fazendo. Em um ambiente de trabalho eficaz e produtivo, é assim que os colegas se relacionam. No final do dia, você é quem vive sua vida. Por que você deveria abrir mão de algo que é somente seu para dividir com outras pessoas?

- Assuma a responsabilidade pelas situações em sua vida. Você pode não ter causado todas elas, mas, se permitiu que elas se desenrolassem, ainda que à sua revelia, você também é o responsável pelas consequências.
- Aceite os aspectos negativos em seu trabalho, sejam pequenos aborrecimentos ou uma antipatia por algum colega. É impossível tudo ser perfeito em sua vida. A partir do momento em que você aceita isso como parte do plano divino universal, pode superar as imperfeições.
- Não assuma a culpa por erros alheios. Você é responsável apenas por si e por suas ações.

Capítulo 10

SUAS NEGAÇÕES MAIS SONORAS SÃO VERDADE

& Outros princípios

ESTA PARTE DO livro traz mais princípios, informações e detalhes sobre como se expressar bem e sobre a Empresa Livre de Fofoca. Considero essas dicas necessárias para que a comunicação seja a mais autêntica possível, e também para ajudá-lo a administrar de forma eficaz suas emoções e o ambiente de trabalho. São conselhos úteis para manter na mente o tempo todo.

VOCÊ PROCURA, VOCÊ ACHA

A mentalidade julgadora é sempre resultado de algo negativo que você sente. Vamos supor que você tenha ciúmes de uma colega que continua a obter grandes contas e que é admirada pelo CEO a cada argumento de venda que ela escreve. E então, assim que tem uma oportunidade, você faz um comentário depreciativo diante da equipe: "Todo mundo gosta dela só porque ela puxa o saco do chefe. Ela não é tão talentosa assim".

Será que a sua inveja não está sendo motivada por seus esforços ainda não terem gerado grandes resultados? Quando descobrir a origem desses sentimentos negativos vai perceber que sua atitude não tem nada a ver com a colega que o irrita. Apenas está chateado porque não se sente tão bem com o que você mesmo anda fazendo.

É o conceito do "você procura, você acha".

> **Quando observamos nos outros coisas que não gostamos, deve-se pesquisar com profundidade. Talvez tenham relação com coisas que nós mesmos não lidamos bem.**

A questão é que, quando você procura alguma coisa de errado em outra pessoa, é muito mais fácil apontar o quão horrível ela é, em vez de admitir que você também tem aquelas características. É fácil cair nessa armadilha, porque o julgamento é um instrumento que as pessoas usam bastante para se sentirem melhor.

O truque para não deixar que esses julgamentos negativos acometam você é reconhecer que quando você procura ou julga algo em alguém, na verdade é uma reminiscência de alguma coisa que não gosta em si mesmo. Esse processo mental não apenas o encoraja a se tornar mais autêntico consigo sobre o que o deixa infeliz, mas também o salva de fazer julgamentos injustos e de acalentar ressentimento contra um colega ou amigo que realmente não merece isso.

> **A CENA NA EMPRESA:** Olhando para dentro
> **O LUGAR:** Fashion Pub, Inc.
> **O PROBLEMA:** Você procurou!
> **AS PESSOAS:** Lisa (publicitária), Rosie (publicitária)
>
> Lisa e Rosie são publicitárias que dividem a mesma conta de um empreendimento varejista de confecções. Lisa se considera alguém com um inquestionável e firme senso ético no trabalho, detentora de excelentes qualidades organizacionais e com uma cabeça lógica e inteligente sobre os ombros. Quando se dispõe a fazer algo, não descansa até que termine com sucesso. Embora goste da parceria com Rosie e acredite que ela seja igualmente talentosa e motivada, Lisa fica cada vez mais frustrada pela maneira como a colega parece controlar excessivamente tudo o que ela faz. Rosie liga várias vezes para Lisa, com o intuito de saber se os projetos estão sendo finalizados. Além das ligações, Rosie envia diversos e-mails para a colega, para saber como o trabalho está cami-

nhando. E então Lisa começa a perceber que é tratada como se precisasse de uma babá, e não como uma parceira.

Está chegando ao fim um grande trabalho de mídia para o cliente de ambas e Rosie se mostra cada vez mais estressada. Lisa percebe que a colega está mais controladora do que nunca, e, finalmente, a paciência de Lisa chega ao fim. Uma noite, quando estão trabalhando até tarde no escritório, Lisa reúne a coragem para falar com Rosie sobre a situação que estão vivendo. Quando diz que se sente controlada demais e magoada pela falta de confiança demonstrada em sua capacidade de completar os projetos e tarefas que lhe competem, Rosie parece um pouco surpresa. "Lisa", diz ela, "lamento muito mesmo se ofendi você de alguma forma, mas, para ser honesta, quando começamos a atuar juntas nesta conta, era assim que você me tratava. Parecia que você queria ser a controladora, e eu fui ficando um pouco frustrada, então talvez eu tenha ido longe demais na direção oposta, para me afirmar nessa parceria".

Assim que Rosie termina sua explicação, Lisa reflete sobre o que acaba de ouvir, antes de responder. Sempre foi considerada maníaca por controle, e, depois de fazer uma breve análise daquela parceria do começo ao fim, nota que Rosie está absolutamente certa. Lisa tem o mau hábito de exagerar na dose e tenta controlar com rédea curta aqueles com quem trabalha. "Sinto muito, Rosie. Você está coberta de razão. Sei que sou maníaca por controle, mas acho que é uma coisa tão natural em mim que eu nem percebi que estava supervisionando agressivamente tudo o que você fazia. Talvez seja por isso que fiquei tão incomodada com seu comportamento em relação a mim, porque eu quero estar no controle, em vez de observar que outra pessoa domina a situação. Uma parceria deve ser exatamente o que a palavra indica, e eu deixei minha necessidade de domínio atrapalhar isso."

"Ah, Lisa, não se preocupe", diz Rosie, gentilmente. "Eu gosto muito de trabalhar com você e acho que somos uma ótima equipe. Lamento ter exagerado; na verdade, não era minha intenção. Mas eu realmente aprecio que você tenha sido tão receptiva quanto à minha atitude de abordar esse assunto."

"Bem", Lisa retruca, "você com certeza me ajudou a aprender uma lição e eu gosto disso. De agora em diante, tentarei manter minha necessidade de controle do lado de fora da porta".

TRABALHE PARA O QUE VOCÊ QUER, EM VEZ DE TRABALHAR PARA O QUE NÃO QUER

A filosofia da "manifestação" está na última moda, hoje. Trata-se da ideia de que você pode criar acontecimentos positivos apenas por pensar neles — e ela tem sido muito criticada, porque as pessoas pensam que não é necessário trabalhar com afinco para que esses acontecimentos ocorram. Mas não é nada disso. Manifestação é apenas outra palavra para pensamento positivo, algo de que cada empresa precisa se quiser ser bem-sucedida.

> **Um dos componentes-chave do sucesso é acreditar que você é capaz de conseguir.**

Isso não significa que você terá a agência de publicidade mais conceituada do país apenas porque você acredita que isso vai acontecer, mas é um dos fatores necessários para que você alcance esse objetivo. Quando você pensa positivamente e define metas para o que quer (em vez de ficar obcecado pelo que *não* quer ou pensando em todas as coisas que podem dar errado), está mais propenso a ter êxito em seus empreendimentos.

Pense nisso da seguinte forma: com que frequência você trabalha para realizar algo que realmente não acredita ser possível? Provavelmente são poucas vezes, porque isso não faria muito sentido. Se você encara suas responsabilidades com ânimo positivo — "Eu posso conseguir; isso é possível" —, vai estar muito mais motivado para cumprir as metas traçadas. E o seu estado de espírito, enquanto atua em direção a esses objetivos, será muito mais tranquilo e, portanto, criativo. Quando você abandonar os "e se" e começar a imaginar todas as boas possibilidades, você e sua carreira terão um belo impulso.

> **Ninguém jamais obtém sucesso usando a expressão "e se".**

A manifestação de suas metas precisa ser baseada em uma mentalidade "Eu posso", positiva e motivadora.

Uma boa forma de começar a fazer dos pensamentos positivos uma parte integrante de sua rotina é trabalhar para objetivos que entusiasmem e alegrem você. A manifestação requer que você se emocione positivamente com o que está fazendo. Por isso é importante trabalhar com esse estado de espírito, embora as jornadas de trabalho tenham momentos desagradáveis e tediosos.

Embora todo mundo costume perseverar nos mesmos hábitos, não seria mais fácil seguir adiante se você mantivesse um pensamento positivo enquanto trabalha? É como se houvesse uma luz infinita no fim do túnel, que mantém você motivado e positivo.

Por exemplo, se você trabalha em uma indústria de serviços e deseja conseguir uma parceria com o time de futebol para o qual torce, com certeza você estará mais propenso a se envolver apaixonadamente nessa busca do que se tivesse que dedicar seus esforços de vendas para um cliente que, no fundo, não admira. Quando você tenta se ancorar em clientes que aprecia e pelos quais é apaixonado, esse entusiasmo e essa energia positiva transmitirão a ele otimismo e satisfação. Isso faz parte da ideia de trabalhar para o que você quer e ter um compromisso com a alegria e a vivacidade.

> O ditado "Não trabalhe demais, trabalhe com inteligência" pode ser alterado, com mais propriedade, para "Não trabalhe demais, trabalhe com alegria".

Quando seu trabalho é gratificante e cheio de significado, tudo o que você toca é contagiado por sua alegria e energia positiva. Ao acreditar que o universo é cheio de possibilidades, você nunca vai se contentar com nada menos que o brilhantismo, e seu trabalho mostrará resultados que nunca imaginou que poderia alcançar.

Em vez de adotar medidas que permitem aos colaboradores não assumirem responsabilidades e, portanto, não tomarem iniciativas, os gestores têm de criar sistemas que ajudem os empregados a descobrirem seu pleno potencial. Então, da próxima vez que você se encontrar assumindo mais culpa do que deveria, pare. Não faça o papel de herói diante de seus diretores ou colegas. Fazer isso é realmente um insulto à inteligência e às habilidades de seu pessoal. Ao contrário, peça a eles que reconheçam seus próprios erros e pratique o que você prega. Lembre-se: não administre *contra* erros, mas sim *para* potenciais. A quantidade de energia psíquica empregada será a mesma, mas o resultado será completamente diferente.

CONSTRUA CONFIANÇA

Em vez de permitir que suas inseguranças façam você regredir, pense na pior coisa que poderia acontecer, se as coisas forem mal. Por exemplo, você pede uma promoção a seu chefe e ele diz não. Mas não é melhor saber, finalmente, que ele disse não em vez de ficar apenas imaginando que ele poderia ter dito sim? Não é melhor tentar uma nova carreira do que viver pensando se não seria mais feliz fazendo algo diferente? Nenhuma dessas coisas é pior do que deixar que uma questão de confiança tire o que há de melhor de você. E, falando francamente, indivíduos capazes de permitir que a falta de autoconfiança se torne a força dominante em suas vidas ficam paralisados e não estão sendo autênticos consigo mesmos.

A confiança, entretanto, requer construção. Não existe por conta própria e ninguém pode fazer com que algo assim aconteça para você.

Não deixe que a falta de confiança domine sua vida. Reassuma o controle e faça as coisas acontecerem.

{
A CENA NA EMPRESA: Eliminando a timidez
O LUGAR: Duhill
O PROBLEMA: A timidez impede o sucesso
AS PESSOAS: Jessica (executiva de contas), Jake (o CEO)

Jessica é funcionária de uma agência de publicidade muito conceituada, a Duhill. Mas, apesar de realmente gostar de seu trabalho e de a publicidade ser uma de suas paixões, ela se questiona constantemente sobre sua vida profissional. Tem dificuldade de trabalhar em grupo para que todos, juntos, cheguem a novas ideias para campanhas, porque tem medo de expressar sua opinião e seus colegas de trabalho não gostarem. Ainda assim, quando ela consegue quebrar essa barreira, suas sugestões sempre são muito bem recebidas. Seus conceitos fazem muito sucesso quando chegam ao mercado e os clientes realmente apreciam suas ideias, que são inovadoras e singulares.

Jessica sabe que tem problemas para falar em público e tende a calar-se. Mas os resultados que obtém são sólidos e ela faz questão de manter todo o trabalho em dia, isso quando não entrega antecipadamente. Por causa disso, fica um tanto confusa ao observar que seus colegas vão sendo promovidos ou recebem tarefas de maior envergadura, enquanto seu trabalho continua sendo considerado apenas bom. Mas ela se preocupa com a possibilidade de que, se disser isso a seu chefe, ele poderá pensar que ela está sendo muito agressiva ou que reclame demais em relação ao trabalho. Assim, permanece quieta e tenta ser brilhante nas coisas que lhe são passadas.

Uma tarde, Jessica é surpreendida pela visita que seu chefe, Jake, faz a seu escritório, no momento em que ela está organizando alguns materiais para um novo cliente. Ele pergunta do que se trata e Jessica fica um pouco nervosa, por saber que Jake não costuma ir às salas de seus empregados. Depois que ele examina a papelada, pergunta: "Jessica, você está feliz, aqui?".

Ela se surpreende muito. Não era o que estava esperando, quando Jake entrou. "Com certeza estou, Jake", responde ela, emendando uma pergunta: "Por que pergunta?" E ele diz: "Bem... eu sempre fico muito impressionado com o trabalho que você realiza, mas nunca me parece muito entusiasmada ao fazê-lo. Você costuma falar muito pouco durante as reuniões, tem o costume de se comunicar por e-mail e não me parece que esteja realmente satisfeita com as contas que recebe para cuidar".

Jessica nem sabe o que dizer. Ela ama o seu trabalho! Adora suas contas, as tarefas que executa e não pode acreditar que esteja dando a impressão contrária. E diz tudo isso para Jake, explicando em seguida que geralmente fica em silêncio porque pensa que as pessoas o não gostam dela ou que talvez se decepcionem com as ideias que ela possa apresentar.

"Jessica, você nem sequer deu a alguém a chance de conhecê-la! E embora eu pense que tenha mais ideias na cabeça do que as que compartilha, sempre gostei de cada conceito que você apresentou. Acho que você é incrivelmente talentosa e eu gostaria de ter lhe passado muito mais trabalho há tempos se percebesse que você estava feliz com seu trabalho, como eu estou."

"Sinto muito se passei a impressão errada, Jake. Odeio pensar que você tenha imaginado que não sou feliz aqui. É exatamente o contrário. Sei que tenho minhas inseguranças e, em vez de trabalhar para superá-las, acho que permiti que elas tirassem o melhor de mim. É terrível que as pessoas tenham confundido minha insegurança com falta de entusiasmo por meu emprego, mas vou me empenhar muito para assegurar que meu desempenho não seja prejudicado por falta de autoconfiança."

"Muito bem, Jessica", Jake retruca, "fico muito, muito feliz ao ouvir isso. Acho que você tem muito talento e potencial para progredir. Odiaria ver sua carreira degringolar por causa de insegurança".

"Obrigada, Jake, isso realmente significa muito para mim. Prometo que você verá algumas mudanças em breve."

Depois dessa reunião, Jessica faz um esforço concentrado para falar, contribuir e compartilhar ideias com seus colegas. Ao superar sua timidez e insegurança, ela percebe que trabalha com alguns indivíduos realmente brilhantes e que ela tem muito a contribuir com a companhia. Em seguida, Jessica vai subindo os degraus na carreira e ganha certas credenciais que a habilitam a abrir sua própria agência de publicidade, sem jamais ser frustrada por suas próprias inseguranças.

NOSSAS NEGAÇÕES MAIS VEEMENTES SÃO REALMENTE VERDADE

Muitas vezes, quando algo é verdade sobre nós e não estamos prontos para admitir, nós negamos, negamos e negamos. Pode ser uma boa ideia reavaliar por que é importante para você negar de maneira tão consistente a existência de certo comportamento, situação ou desconfiança.

> **Coisas que tocam profundamente geralmente têm um significado importante, estejamos ou não prontos para admitir isso.**

Se é algo recorrente e está afetando sua vida, então é provável que seja uma boa ideia reavaliar por que ocorre com tanto destaque em sua vida cotidiana. Há verdade em suas negações. Para testar a verdade em seus desmentidos, faça a si mesmo estas três perguntas:

- A negação é verdade?
- Você tem certeza absoluta de que a negação é verdade? (Esteja aberto para possíveis contradições... mesmo as mais insignificantes.)
- É possível que o oposto seja verdade?

Se você responder afirmativamente às três questões, deve levar em conta se o oposto pode ou não ser verdade. Toda vez que você se recusar, peremptoriamente, a aceitar ou entender o ponto de vista de outra pessoa, tenha certeza de que um personagem está no controle, distorcendo a sua comunicação autêntica.

Todas as pessoas lançam mão de uma série de mecanismos de defesa para ajudá-las a lidar com coisas desconfortáveis ou difíceis. A negação é uma forma fácil de enfrentar realidades negativas, porque literalmente permite a você fingir que algo não existe. E embora pareça, a princípio, uma solução cômoda, ela só complica o problema, tornando-o mais difícil de resolver no futuro. Confie em mim, é muito mais simples encarar algo no presente, enquanto está acontecendo, do que ignorar, deixando a coisa para mais tarde. Quando chegar a esse ponto, geralmente fica menos administrável do que teria sido no início. Então, se você está notando que tem negado, muitas vezes, algo de maneira veemente, preste atenção a isso; só assim poderá trabalhar para se desligar dessa conduta e descobrir por que nega de maneira tão decidida uma coisa que, no final das contas, tem elementos de verdade — ou é absolutamente verdadeira.

{ **A CENA NA EMPRESA:** Defendendo-se
O LUGAR: Stahill Banking
O PROBLEMA: O medo de encarar a verdade
AS PESSOAS: Sandra (executiva de contas), Samantha (a chefe)

Sandra trabalha para o Stahill Banking como executiva de contas corporativas há cinco anos e sua trajetória tem sido marcada por numerosos altos e baixos. Embora ela goste do que faz e da companhia, e tenha sólidas relações com todos os seus colegas, Sandra tem tido problemas com sua chefe, Samantha. Geralmente, Sandra é uma pessoa muito positiva e gosta de pensar o melhor sobre os outros, então tem sido muito difícil para ela enfrentar as tantas e tantas horas que sua chefe a tem manipulado ou tirado vantagem dela, ao longo dos anos. Sandra é frequentemente chamada para trabalhar nos dias de folga em contas importantes ou para ficar até mais tarde, apesar das obrigações familiares que possa ter. Além da sobrecarga de trabalho que impõe a Sandra, Samantha nunca foi muito gentil. É sempre rude e tem pouca consideração com eventuais problemas pessoais de Sandra. Mas como Sandra tenta ser amável e compreensiva, sempre justifica o comportamento da chefe dizendo que talvez "Samantha esteja apenas tendo um mau dia". Ou: "Ela confia em mim mais do que em outra pessoa, e é por isso que sempre me pede trabalho extra" e "se eu quiser ser a melhor possível em meu emprego, preciso ser capaz de lidar com a carga de trabalho extra".

Tudo chega a um ponto crítico no dia em que Sandra tem de se ausentar do trabalho inesperadamente para ir ao funeral de uma querida amiga. Sandra liga para Samantha para avisar, com antecedência, mas mesmo tendo uma razão perfeitamente aceitável para ausentar-se, Samantha não quer nem saber. "Lamento por sua amiga, Sandra, mas infelizmente temos muito trabalho a fazer aqui. Eu apreciaria muito que você viesse para que possamos cumprir todos os nossos prazos."

Perplexa, Sandra nem sabe muito bem como reagir. É a gota d'água, e ela se recusa a continuar negando a crueldade de Samantha.

"Ouça, Samantha, eu tenho permanecido a seu lado enquanto outras pessoas me dizem que você está se aproveitando de mim, que eu faço muito mais do que você jamais será capaz de reconhecer, e que você não se importa nem um pouco com meus sentimentos ou com minha vida pessoal. E embora eu venha negando isso nos últimos cinco anos, está claro que todos os que me cercam estão certos sobre o que eu não quero ver. E, honestamente, não vou mais aceitar isso de jeito nenhum. Sou talentosa, trabalho muito e, neste momento, seria melhor que eu oferecesse minha experiência e habilidades a outra pessoa, em vez de ser maltratada e depreciada, aqui."

"Bem, Sandra, é muito ruim que você se sinta assim. Eu achei que você poderia aguentar um pouco de trabalho extra, mas aparentemente, não é capaz. É lamentável", diz Samantha, maldosamente.

"Não, você está equivocada. Não é impossível administrar uma sobrecarga de trabalho, mas sim inaceitável a maneira como você trata as pessoas. Vou até aí mais tarde para recolher minhas coisas."

E, com isso, Sandra desliga o telefone e sente um alívio imediato. Quando pensa a respeito, percebe que, há anos, tem recorrido a desculpas, porque não queria admitir o pior. Mas se tivesse sido honesta consigo mesma, assumindo o controle da situação desde o começo, ela não teria tido de aguentar cinco anos de desprezo e sobrecarga. Embora seja difícil de admitir isso, ela se sente muito melhor ao resolver o problema. Certa de que continuará otimista, Sandra jura que nunca mais vai ignorar seu instinto e aturar algo que não seja justo.

DEFINA CLARAMENTE METAS E PARÂMETROS

Para manter sua empresa motivada, é importante comunicar continuamente as metas e parâmetros. Eles devem ser claros e consistentes.

E podem ser informados de inúmeros jeitos. Você pode ter reuniões semanais com os seus funcionários para discutir as metas de cada um. Ou, ainda, para dizer a eles o que você gostaria de ver realizado. Outra alternativa é usar um recurso visual, como um gráfico que mostre quantos clientes foram ganhos (e perdidos), pendurando-o em algum espaço onde haja alto tráfego de pessoas, como a sala de descanso. Anuncie e aplauda, regularmente, vitórias especiais, como, por exemplo, a conquista de um grande cliente, por um funcionário.

Ao mesmo tempo, seja honesto com seus empregados quando as coisas não vão bem, para que saibam que terão uma sobrecarga, que exigirá deles empenho extra.

É importante fixar essas medidas e lançar mão delas regularmente, para que seus empregados tenham clareza a respeito do objetivo de seu trabalho e saibam que o crescimento é fundamental e desejável.

> **A CENA NA EMPRESA:** Expectativas confusas
> **O LUGAR:** Matrix Advertising
> **O PROBLEMA:** Sinais misturados
> **AS PESSOAS:** Christian (agente publicitário), Craig (presidente)
>
> Christian foi recentemente admitido na Matrix Advertising e ele trabalha bastante para atrair novas contas, disposto a construir sua base de clientes. Embora ele considere um pouco difícil, trata de aperfeiçoar sua comunicação com os clientes e utiliza ideias bastante eficazes. Christian é muito entusiasmado com seu trabalho e anseia construir uma carreira em uma área pela qual é realmente apaixonado. Acima de tudo, está satisfeito com a possibilidade de atuar junto de pessoas novas e certo de que poderá evoluir na companhia.
>
> Uma tarde, seu chefe, Craig, para na sala do rapaz para um breve diálogo. "Christian", ele começa, "queria ter uma conversa com você sobre sua taxa de entrada de novos clientes. Sei que faz pouco tempo que está conosco, mas nos últimos três meses, a partir de sua contratação, você tem trabalhado com a média de um cliente por mês. Aqui, na Matrix, esperamos que cada um de nossos empregados tragam, no mínimo, dois ou três clientes por mês. Tenho apreciado seu trabalho e acho que seus conceitos de publicidade são realmente fortes, mas quero falar com você para me certificar de que não está fazendo corpo mole e está realmente motivado em relação a seu emprego".
>
> "Nossa, Craig... isso é uma surpresa para mim. Adoro trabalhar na Matrix e estou muito estimulado a conquistar mais clientes e expandir minha carteira, mas ninguém jamais me explicou que há uma quota individual de clientes por mês. Se eu soubesse da existência dessa meta, eu

me certificaria de cumpri-la, sem dúvida. Minha intenção é me dedicar para fazer tanto de mim como da Matrix o maior sucesso possível. Mas para ser capaz de cumprir tal desejo, preciso saber exatamente quais são as expectativas, bem como os parâmetros para alcançar os objetivos que você deseja."

"Puxa, Christian, desculpe... Você tem toda razão. Falhei ao não comunicar a você esse detalhe. Se tenho expectativas com relação à minha equipe, tenho de assegurar que todos saibam como eu quero que as coisas sejam feitas. E também as consequências, no caso de as diretrizes não serem seguidas."

"Bem", Christian sugere, "talvez possamos realizar uma reunião com toda a companhia para formalizar a existência desses objetivos, para que fique bem claro e todos tenham a mesma compreensão a respeito. Acho que isso me ajudaria, bem como a outros novos contratados, e funcionaria também para reciclar aqueles que eventualmente possam ter afrouxado as perspectivas. Ou mesmo para quem tenha apenas se esquecido".

Craig considera a sugestão uma ideia maravilhosa, útil e unificadora para a empresa. Então, ele convoca uma reunião para mais adiante, na mesma semana, e oferece a cada um de seus empregados uma lista com a descrição de suas expectativas para a Matrix, além das formas como seus comandados podem alcançar as metas que ele define. O interessante é que muitos de seus funcionários jamais haviam sido informados de tudo isso, de maneira que não trataram de customizar seu desempenho para se adequar ao que deles se espera. Craig imaginava que havia dito tudo, antes. Ao apresentar a relação detalhada e específica do tipo de trabalho e de êxito conjunto que ele almeja, sua equipe fica satisfeita por receber a informação e a orientação para fazer melhor o trabalho.

Graças à sua conversa com Christian, Craig aprende que é de extrema importância manter contato contínuo e diário com seus empregados. A única maneira de fazer com que saibam o que você quer que seja feito é dizer isso a eles. E quando se trata de algo tão sério como as metas e parâmetros para a empresa, essas são coisas a serem amplamente divulgadas para todos; as de sua empresa, antes, não eram.

Isso foi alterado a partir daquele momento, e tudo evoluiu drasticamente para a Matrix quando os empregados compreenderam as dire-

> trizes e os padrões de referência, o que lhes permitiu trabalhar como uma equipe, de fato, em vez de ter um desempenho baseado em escolhas pessoais, feitas ao acaso. No final das contas, todos estão motivados, seguindo em frente e entusiasmados para cumprir os objetivos traçados para eles — agora unidos por um verdadeiro senso de equipe.

ARMADILHAS DE PAGAMENTO

Nenhum acordo de negócios deveria parecer uma armadilha e, se você não está feliz com um serviço, não deveria ser obrigado a pagar por ele.

Quando você contrata uma empresa de relações públicas, geralmente assina um contrato de seis meses a um ano. Esses documentos, entretanto, com frequência parecem vinculadores e desagradáveis para o cliente, em especial se o trabalho não ocorre tal como foi prometido.

É por isso que, quando a EPR foi criada, desenvolvi um plano de pagamento mês a mês. Eu me esforço para manter uma relação muito aberta e verdadeira com os meus clientes, objetivo que estendo a meus funcionários, e é importante para mim que esse relacionamento não se restrinja à ideia de ter um começo, meio e fim. Ao contrário, à medida que seguimos trabalhando com nossos clientes, desejo que essa parceria cresça e evolua, para que possamos continuar a contar a história deles, enquanto *se expandem* e progridem.

Acredito que meu sistema de pagamento mês a mês oferece segurança para nossos clientes. E também é uma garantia para minha empresa e funcionários, porque não representamos quem não esteja satisfeito com nossos serviços ou que não se saiam bem sob nossos métodos. Se esse for um conceito que você se interesse em aplicar em seu negócio, pode fazê-lo, a começar por eliminar do contrato que propõe qualquer expressão jurídica de difícil entendimento ou letras miudinhas. Torne esses documentos claros e concisos, e crie um sistema de pagamentos igualmente simples, com encargos definidos abertamente para que o cliente possa examinar. Quanto mais autênticos forem seus contratos, mais verdadeiras serão suas relações e comunicações.

> **A CENA NA EMPRESA:** Contratos frustrantes
> **O LUGAR:** Sharper Channel
> **O PROBLEMA:** Expectativas não cumpridas
> **AS PESSOAS:** Bob (publicitário), Joshua (cliente)

Bob é publicitário na Sharper Channel, uma bem-sucedida empresa de relações públicas que atrai clientes importantes e contas vultosas. Como empregado de longa data na Sharper Channel, ele já teve sua cota de clientes difíceis e situações complicadas, mas nada tão duro de lidar como a Blackrock Publishing, a maior livraria do país e uma das contas mais respeitáveis.

Quando o contrato da Blackrock Publishing começou, Bob achou que estava fazendo um bom trabalho como representante da livraria. Conseguiu fazer com que a empresa aparecesse na mídia imediatamente e foi capaz de atuar com ela e outros patrocinadores no desenvolvimento de eventos de sucesso que resultaram em muita publicidade e atraíram muita gente para as lojas da rede.

Mas, depois de três meses, o presidente da companhia, Joshua, telefona para Bob, avisando que gostaria de falar com ele sobre o contrato.

"Para sermos honestos com você, Bob, estamos um pouco desapontados pelo rumo que tomou esta parceria. Não estamos satisfeitos com a exposição midiática que você nos proporcionou e pensávamos que, a essa altura de nosso contrato, já contaríamos com uma presença internacional, em vez de continuarmos restritos nacionalmente. Temos procurado e falado com muitas empresas de relações públicas e elas nos garantem que podem nos dar muito mais do que vocês estão conseguindo. Então, sinto muito, mas achamos que isso não vai funcionar. Já refleti bastante e acho que não há realmente nada que você possa fazer para que eu mude de ideia."

"Joshua, eu sinceramente lamento que você esteja tão desapontado com a Sharper Channel, mas infelizmente você assinou um contrato que configura vínculo inquebrantável. Vai vigorar por um ano e, se você tentar romper, teremos de lançar mão de medidas legais."

"Mas isso é ridículo!", explode Joshua. "Se eu não estou contente com vocês, que não estão fazendo o que desejo, por que eu deveria manter esse contrato? Estou preparado para lutar contra essa exigência.

Não quero mais que a Blackrock Publishing seja representada pela Sharper Channel. E ponto final."

Por mais que Bob tente explicar a situação a ele, e dizer o que pode fazer para melhorar sua publicidade, Joshua não quer saber de nada. Joshua processa a empresa por "perda de publicidade ao longo de sua representação", levando ambas as companhias a uma batalha legal de um ano e que termina custando mais do que o próprio contrato. No final, a Sharper Channel ganha, porque não estava errada, mas perde muito tempo, dinheiro e energia ao longo do processo, além de vivenciar grande amargura.

Depois do caos, Bob tem uma reunião muito séria com seu CEO, para discutir a possibilidade de instituir uma política de pagamento mês a mês, para o caso de seus clientes não gostarem do serviço oferecido ou do relacionamento não funcionar. A princípio, havia a preocupação de perda de dinheiro, mas depois que a ideia foi concretizada, ambos descobriram que ficaram muito mais satisfeitos, bem como seus clientes, que também confiavam fortemente neles. No final das contas, foi uma grande solução para um problema bem difícil. A Sharper Channel tem mantido essa política há anos e isso tem contribuído para que tenha mais êxito do que nunca.

- **Diga clara e diretamente a seus empregados quais são suas expectativas.**
- **Crie um sistema de aumentos de salário/bônus/promoções fácil de entender, para que seus empregados trabalhem na direção almejada.**
- **Faça contratos simples e livres do confuso dialeto jurídico.**
- **E sempre tenha em mente: se você procura, acha — portanto, caso não goste de algo ou de alguém, pode ser que você tenha as mesmas características desagradáveis.**

Testemunhos

AGORA VOCÊ DEVE estar se perguntando como será trabalhar em uma Empresa Livre de Fofoca e em um ambiente de trabalho baseado na verdade! Com certeza é bem diferente do que você está acostumado. A seguir, meus empregados contam, cada um a seu modo, como é trabalhar e viver autenticamente:

MICHELLE MEKKY — PRESIDENTE

Antes de vir para a EPR, eu fiz carreira na mídia. Passei doze anos trabalhando em uma estação de tevê como redatora e, finalmente, como produtora sênior. Eu diria que, quase todos os dias, provavelmente ouvi fofocas ou fofoquei sobre alguém. E eu não estou me referindo só à mais recente crise de Britney Spears ou ao novo namorado de Jessica Simpson. Era muito comum que os funcionários fofocassem uns sobre os outros, sobre os patrões, e sobre quaisquer outras pessoas que pudessem ser alvo de falatórios. Eu simplesmente pensava que esse tipo de ambiente de trabalho fosse normal. Eu tinha amigos com quem conversar todos os dias, entre produtores de shows ao vivo, roteiristas e escaladores de elenco.

Mas quando eu decidi mudar de carreira e vim para a EPR, não tinha ideia de como a atmosfera de trabalho seria tão distinta.

Sabia que Sam estava aprendendo todas essas práticas empresariais realmente inovadoras com sua mentora de vida. Ele vinha à minha sala depois de cada sessão e começava a desfiar todas aquelas pérolas que acabara de absorver. Logo nossas conversas começaram a girar sobre novos conceitos, como jogos triangulares, personagens, mudanças e, claro, a Empresa Livre de Fofoca. Eu mal compreendia o que ele estava falando, mas então, finalmente, eu decidi conhecer a mentora de Sam, para também aprender a sua linguagem.

E quando ela introduziu o conceito da Empresa Livre de Fofoca, uma parte de mim pensou que era loucura. Como é que alguém pode existir sem fofocar? E, além disso, como eu, gerente da empresa, não posso falar sobre meus empregados? Mas rapidamente aprendi como isso funciona e como parar quando acontece. A princípio, toda vez que alguém vinha me dizer algo que eu pensava ser fofoca, eu ficava extremamente nervosa. Mas com o tempo eu me acostumei a parar o mexerico no momento em que ele tinha início, e dizia às pessoas fofoqueiras que tinham de conversar diretamente com aquelas sobre quem estavam falando. No começo, uma expressão de horror se estampava no rosto delas. Mas, gradualmente, a fofoca acabou. Foi realmente extraordinário. Algumas vezes, era eu quem tinha de conversar diretamente com alguém, e ficava tão aterrorizada com a experiência que aquilo era suficiente para fazer com que eu não quisesse fofocar nunca mais. Fiz gente chorar e chorei. Mas depois de passar por momentos assustadores e embaraçosos, o conceito de Empresa Livre de Fofoca tornou-se um jeito luminoso e feliz de vivenciar o trabalho. Senti como se tivesse me livrado de um tremendo peso.

O jogo do personagem realmente mudou a minha vida, dentro e fora da empresa. Como saber que eu tinha tantos? Antes mesmo de ter entendido do que se tratava, no meio de uma conversa Sam me dizia: "Com qual personagem estou falando agora?". E eu pensava: não tenho a menor ideia! Às vezes eu sentia raiva, porque ficava confusa e não sabia mesmo como me comunicar. Então, na verdade, tive certo trabalho para entender o funcionamento dos meus personagens e a maneira como eles afetam minha vida, no dia a dia. Comecei a entender quando fizemos, com toda a equipe, nosso primeiro retiro de mentoria de vida, em Michigan. Nossa mentora pediu que citássemos alguns dos nossos personagens. Em seguida, chamou voluntários dispostos a atuar como alguns deles, exagerando bastante ao encená-los. Ninguém se apresentou, a princípio, e como uma parte de mim sempre quis se apresentar no palco, eu me levantei e disse: vou encarnar "Polly, a Complacente". Tratei de demonstrar como queria que todos gostassem de mim e a sala caiu na gargalhada. E, naquele momento, percebi como era intenso meu desejo de agradar a todos. Mas, ao mesmo tempo, notei como aquilo me exauria completamente!

Eu também aprendi que tenho personagens como "Wanda, a Angustiada", "Sally, a Supermulher" e também "Gostaria de ser uma estrela". Não posso explicar todos eles, mas sei que mudam a cada minuto, então nunca se sabe o que vai aparecer!

Aprender o que é um personagem e como eu caio em armadilhas que essas criaturas criam me ajuda a encontrar meu verdadeiro eu e a viver mais suavemente — é o que estou sempre me concentrando em tentar fazer.

KATE STREIT — PUBLICITÁRIA

Minha experiência de trabalho na EPR foi única, a começar pela entrevista. Eu estava muito nervosa e me preparei bastante, pensando em respostas relevantes para perguntas que achei que viriam. Quem são os seus colunistas favoritos e por quê? Quais são os seus três pontos fortes? E os fracos? Meu provável empregador, porém, me pegou de surpresa, querendo saber mais sobre mim como pessoa do que como empregado, ao menos em relação à definição que eu tinha de empregado. Ficou claro para mim que habilidades fundamentais, como o conhecimento de determinado programa de banco de dados, por exemplo, eram menos importantes do que aspectos do caráter, como honestidade e entusiasmo pelo trabalho.

Eu já havia sido empregada de uma grande corporação e de um pequeno negócio familiar, ambos com seus aspectos positivos e negativos, mas vir para a EPR foi definitivamente uma mudança para melhor. Antes, eu me sentia muito descartável e nada valorizada, como pessoa, no ambiente corporativo. Muitas políticas vigentes aqui deixam bem claro, para mim, que meu tempo e trabalho são importantes. Por exemplo, estamos autorizados a ir embora mais cedo, quando chegamos muito cedo, de manhã, para acompanhar uma entrevista num programa de TV. Quando eu estava no mundo corporativo tradicional, não sentia que meu tempo era respeitado dessa maneira. Muitas vezes, tinha de ficar até bem tarde e jamais recebia um agradecimento ou uma compensação pelas horas extras.

Na empresa familiar, meu patrão me conhecia e respeitava, como pessoa, mas não meu tempo e limites. Era normal eu receber telefonemas tarde da noite ou cedo pela manhã, ou mesmo nos fins de semana, quando também chegavam e-mails e eu me sentia obrigada a responder. A ansiedade provocada pela sensação de nunca me sentir realmente desligada do trabalho me invadia, e eu comecei a me ressentir, irritada com meu emprego. Considero essencial ter tempo para mim, quando não tenho de me preocupar com o trabalho, da mesma forma que me sentir descansada e produtiva quando *estou* no trabalho.

As políticas na EPR existem para valorizar o empregado, e acho que proporcionam os melhores resultados. Um empregado feliz é excelente e dedicado!

AMANDA ALDINGER — REDATORA

Depois de ler um vasto noticiário sobre a filosofia de Sam sobre a Empresa Livre de Fofoca, bem como sobre suas várias teorias sobre a comunicação autêntica no ambiente de trabalho, eu tive interesse em me tornar sua mais nova contratada, para ver como as teorias dele eram implementadas internamente. E agora posso atestar com segurança, sem medo de errar, a qualidade do ambiente de trabalho e a abertura à comunicação de seus empregados. Como alguém egressa de uma experiência unicamente voltada às artes, ingressar em uma empresa urbana de Chicago estava muito além de qualquer outra vivência profissional que eu tivera, e eu não sabia muito bem o que esperar. Acrescente a isso o fato do escritório ser completamente composto por mulheres (exceto pela presença de um belo cavalheiro) e você ser uma novata imaginando que vai ser engolida viva.

Lembro do meu primeiro dia, que começou na cozinha, onde todos lemos jornais, discutimos as notícias e tomamos café. O pessoal foi muito gentil, ao ajudar em minha integração, mostrando a localização de tudo; a atitude contribuiu para que a adaptação da "novata" fosse a menos dolorosa possível. Hora após hora, naquele dia, eu pude observar o que acontecia ao meu redor e rapidamente percebi que Sam, de fato, foi muito bem-sucedido ao criar um ambiente de trabalho em que todos se comunicavam e assumiam seus 100% para fazer da EPR uma consagrada empresa de relações públicas.

Trabalhei em uma série de empregos onde o que era mais conveniente para mim, emocional e profissionalmente, não era interesse prioritário de meus empregadores. Mas, na EPR, há políticas bem transparentes, como "nada de ligações para celulares ou e-mails de trabalho depois das seis da tarde ou nos fins de semana", e todos os dias da semana é servido um almoço para os funcionários, coisas que mostram a importância de haver um bom equilíbrio entre o trabalho e a vida pessoal. Nossos diretores sabem que se nós, seus empregados, não estivermos satisfeitos e não sentirmos que nossas sugestões são respeitadas, não acreditaremos na empresa e não estaremos motivados para vir, todos os dias, fazer nosso trabalho. E, por causa disso, eles se esforçam muito para se comunicar de maneira autêntica conosco, da mesma forma que esperam de nós uma resposta autêntica e uma entrega de nossos 100% quando se trata de cumprir nossas responsabilidades profissionais.

Este é o ambiente mais positivo em que já trabalhei, e é ótimo fazer parte de algo que desafia o que acontece nas empresas tradicionais. A Empresa Livre de Fofoca é o ambiente ideal para mim!

ANDREA CORDTS — PUBLICITÁRIA SÊNIOR

Poucos meses depois de começar a trabalhar na EPR, fui informada de que teríamos uma sessão de mentoria de vida em grupo. Jamais tinha ouvido falar de algo assim, antes de entrar na empresa, então estava muito confusa a respeito do significado dessa atividade.

Durante o curto período em que estive em corporações na América, aprendi algumas coisas da maneira mais difícil — a primeira é que os "chefões lá de cima" não se importam com o que você pensa ou sente. Fui repreendida em um de meus empregos anteriores por ter respondido com sinceridade a uma pergunta feita pelo presidente sobre uma de minhas contas, em vez de me limitar a um açucarado "está tudo ótimo, obrigada!". Minha supervisora direta explicou, da melhor maneira possível, que era assim que as coisas funcionavam. Infelizmente, foi preciso outro incidente para que eu realmente captasse a mensagem.

Então você pode imaginar minha surpresa quando o CEO da EPR sentou-se no círculo conosco, solicitando que compartilhássemos nossos sentimentos e conclusões, mesmo se tivessem a ver com ele. Disse que valia chorar ou demonstrar raiva, porque é assim que a gente movimenta as emoções. Eu mal podia acreditar!

Naquele dia, aprendi muito sobre meus colegas, chefes e o clima na companhia. Havia certa hesitação quanto ao "completar-se" mutuamente, mas, no fim, muitas coisas que não haviam sido comunicadas antes foram ditas. Pessoas choraram. Pessoas manifestaram raiva. E, por incentivo do *life coaching**, que liderava a experiência, alguns conflitos foram resolvidos.

O aspecto mais interessante do encontro, entretanto, foi que ele não acabou quando saímos da sala, às cinco da tarde. Aqueles que não se sentiram confortáveis para falar diante de um grupo grande tomaram a iniciativa de entrar em contato de forma mais particular para discutir problemas que talvez pudessem ter ou simplesmente para dizer o quanto apreciavam o trabalho uns dos outros.

Para ser completamente honesta, eu não participei da sessão. Fiquei ali sentada, ouvindo tudo que acontecia, mas eu ainda era nova na empresa e ainda estava esperando que alguém me dissesse, de novo, que minha honestidade me criava problemas outra vez. Felizmente, isso mudou. À medida que vou me sentindo mais confortável com meus colegas e com o clima da empresa, sou capaz de utilizar as ferramentas que aprendi na

---

* Literalmente, mentor de vida, mas no Brasil se usa a expressão em inglês, mesmo. Quando traduzida, com mais frequência aparece como uma mistura: coaching pessoal, mas no caso deste livro é algo bem mais amplo. (N. T.)

sessão de mentoria de vida para comunicar meus *verdadeiros* pensamentos e sentimentos.

Trabalhar em uma companhia cheia de mulheres nem sempre é fácil, mas ao nos comunicarmos temos sido capazes de fazer com que isso funcione — e com que prosperemos no processo.

Profissionais de *Life Coaching*

ENTREI EM CONTATO, pela primeira vez, com as filosofias apresentadas neste livro graças à minha participação na Young Presidents Organization — YPO*. Trata-se de um grupo de doze presidentes que se reúnem para compartilhar apoio, encorajamento e assistência mútua, como homens de negócio e pessoas. Como integrante do fórum anual da YPO, eu descobri a life coaching Diana Chapman e ela falou sobre muitas teorias novas que me ajudaram a me comunicar melhor, e também a me aperfeiçoar como gestor.

Quando compartilhei essas teorias com alguns de meus empregados e colegas, percebi como essas novas técnicas de comunicação poderiam ser benéficas e capazes de provocar mudanças de vida. Foi quando decidi transformar minha empresa inteira em um lugar de comunicação autêntica, um lugar onde a fofoca foi proibida e a honestidade emocional, um dever. Era um risco e certamente isso não havia sido tentado em nenhuma outra corporação, nem por patrões de colarinho branco. Mas eu enxerguei o poder e a importância dessas ideias e, apesar de ter surgido uma pequena resistência, percebi como minha equipe estava ansiando por fazer parte desse novo mundo corporativo.

---

* Literalmente, Organização de Jovens Presidentes. (N T.)

Depois de conhecer a primeira *life coaching*, minha vida nunca mais foi a mesma, e por isso eu encorajo cada gerente e cada empregado a tentar uma reunião de mentoria de vida, ao menos uma vez.

No Brasil, já existem profissionais trabalhando com esse conceito. Basta fazer uma pesquisa virtual para obter indicações.

CONHEÇA TAMBÉM:

ARTHUR SCHOPENHAUER
38 estratégias para VENCER QUALQUER DEBATE
A arte de ter razão

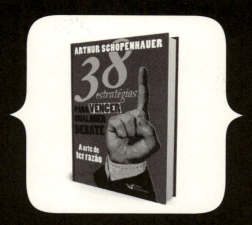

A forma como nos comportamos socialmente não mudou muito desde Aristóteles. Referenciado pelo pensador grego, Schopenhauer desenvolve em sua Dialética Erística, **38 estratégias sobre a arte de vencer um oponente num debate não importando os meios.** E, para isso, mostra os ardis da maior ferramenta que todos possuímos, a palavra. Usar argumentos e estratagemas certos numa conversa é uma arma poderosa em qualquer momento. E tanto vale para quem quer reforçar um talento, evitar ciladas dialéticas, ou simplesmente estar bem preparado para negociações ou qualquer outra ocasião que exija argumentação... o que acontece em todos os momentos da vida.

Essas estratégias não foram inventadas por Schopenhauer. Seu trabalho foi identificá-las, reuni-las de modo coerente, mostrando como são utilizadas, em quais momentos elas surgem em meio a uma discussão, de modo que você possa utilizar-se deste livro até mesmo para desmascarar o uso das estratégias.

Em discussões, o objetivo de todos é persuadir. No entanto, o melhor resultado é obtido pela pessoa mais hábil em manter a sua posição. Esta obra cataloga os truques utilizados por profissionais de todas as áreas. Pode ser que você esteja com a razão, mas **uma vez que você entre num debate estar certo não é o suficiente.** Você precisa conhecer os movimentos dessa arte para ter força no jogo. Este livro ensinará tudo o que você precisa saber.

**ASSINE NOSSA NEWSLETTER E RECEBA
INFORMAÇÕES DE TODOS OS LANÇAMENTOS**

www.faroeditorial.com.br

ESTA OBRA FOI IMPRESSA POR
EDIÇÕES LOYOLA EM MARÇO DE 2014